中央高校基本科研业务费专项资金资助
中央财经大学科研创新团队支持计划资助
国家自然科学基金项目（71972196，71972195，71702208）
教育部人文社科规划基金项目（18YJA630051）

中央财经大学商学院
百分点集团　联合出品

中国消费金融品牌口碑指数研究

（2018）

金融大数据营销研究中心消费金融课题组 著

WORD – OF – MOUTH INDEX
RESEARCH OF
CHINA CONSUMER FINANCE BRAND (2018)

经济管理出版社
ECONOMY & MANAGEMENT PUBLISHING HOUSE

图书在版编目（CIP）数据

中国消费金融品牌口碑指数研究（2018）/金融大数据营销研究中心消费金融课题组著 . —北京：经济管理出版社，2019.8

ISBN 978 - 7 - 5096 - 6669 - 2

Ⅰ.①中⋯　Ⅱ.①金⋯　Ⅲ.①消费贷款—品牌营销—研究报告—中国—2018
Ⅳ.①F832.479

中国版本图书馆 CIP 数据核字（2019）第 115395 号

组稿编辑：申桂萍
责任编辑：任爱清
责任印制：黄章平
责任校对：王纪慧

出版发行：经济管理出版社
　　　　　（北京市海淀区北蜂窝 8 号中雅大厦 A 座 11 层　100038）
网　　址：www. E - mp. com. cn
电　　话：(010) 51915602
印　　刷：三河市延风印装有限公司
经　　销：新华书店
开　　本：720mm × 1000mm/16
印　　张：11. 75
字　　数：218 千字
版　　次：2019 年 9 月第 1 版　　2019 年 9 月第 1 次印刷
书　　号：ISBN 978 - 7 - 5096 - 6669 - 2
定　　价：98. 00 元

前　言

　　我国正处于经济结构调整的关键时期，消费金融的发展可以有力地拉动内需和 GDP 稳健增长。然而在消费金融行业高速发展的同时，也暴露出共债风险及行业整体不良率高等问题。近年来，国家越来越重视消费金融行业的稳定高质量发展，出台了相关政策，限制现金贷业务，不鼓励无场景、无指定用途的消费需求。中财——百分点金融大数据营销研究中心敏锐地立足消费金融的发展浪头，对消费金融行业开展了多维度的深入分析，自 2016 年起，连续三年发布了消费金融品牌口碑指数，并将不断结合市场发展状况持续进行研究，更新成果。中财——百分点金融大数据营销研究中心由中央财经大学商学院与百分点集团共同成立，有效地将百分点的数据技术与中央财经大学的金融背景及优势结合起来，共同开展金融与大数据营销领域的学术研究和商业研究，推进大数据技术在金融行业的发展。

　　双方强强联手编制的指数从消费者视角出发，关注消费者对消费金融品牌的主观感知与态度，能准确地体现品牌在消费者群体中的地位和口碑，反映品牌价值的真正来源。研究中融合了多种数据源，大数据的全面客观与小数据对因果偏好的探究优势结合，能全面、准确地反映消费者态度，且区分消费者和场景因素，加入指标的交叉分析，剖析消费者特点和场景表现，具有鲜明的特色。本书能客观真实地评价各品牌发展情况，为消费者选择品牌提供可靠的依据，各消费金融平台也可以根据指数评价结果改进自身服务流程，提升消费者体验，不断增强平台竞争力。此外，研究结果还能有效地反映行业现状，帮助政府倾听行业发展的真实声音，有助于其在行业整体偏离健康发展轨道时及时制定政策调整，更好地防范金融风险，从而促进行业长期持续稳定地发展。

完成《中国消费金融品牌口碑指数研究（2018）》的课题组成员包括：

李　季　金融大数据营销研究中心联合主任

　　　　中央财经大学商学院市场营销系副主任、教授

杜晓梦　金融大数据营销研究中心联合主任

　　　　百分点集团首席数据科学家

孙鲁平　中央财经大学商学院市场营销系副教授

姚　凯　中央财经大学商学院市场营销系讲师

桂　玲　百分点集团数据科学事业部商务分析部负责人

许　静　百分点集团数据科学事业部商务分析部高级经理

此外，还包括中央财经大学商学院的刘绍思、周钰泠、李明宇等同学。

内容提要

执行总结

"2018 年中国消费金融口碑指数研究"在 2017 年研究的基础上进行了优化，主要内容包括消费金融行业调研、数据收集与指数编制、指数解读与消费者和场景洞察。

在消费金融行业调研的过程中，我们对行业市场环境、企业发展状况分别进行了调研。前者包括国家相关政策、行业规范、市场发展状况三部分，内容详见本书第二章；后者重点关注 2018 年消费金融行业中企业新增与消退的现象、企业的表现状况及典型企业排名变化的原因，内容详见本书第五章。

在数据收集与指数编制过程中，我们首先通过查阅大量新闻资料、行业研究报告初步确定行业中的消费金融品牌。然后邀请高校学者和业内专家进一步筛选出重要品牌，最后对消费者进行品牌感知的预调研，根据使用人数的多少更新了 2018 年消费金融指数研究的对象。接下来，我们收集了消费金融使用者的问卷调研数据、消费金融品牌的网络舆情数据、百分点媒体浏览数据三类数据，对三种来源的数据赋予不同权重进行融合后得到最终研究数据。我们根据专家确定的指标权重系数，得到"中国消费金融品牌口碑指数"指标体系，结合科学的指数计算、合成方法对数据进行计算。

在指数解读与消费者和场景分析过程中，我们得到了30家主要消费金融品牌的口碑综合指数和口碑分项指数——品牌认知指数、品牌感知质量指数和品牌忠诚指数，并详细分析了各品牌的表现。同时，我们结合上年的结果，开展了品牌排名变化的对比分析，也对新上榜及遗憾落榜的品牌进行了探讨。对调查问卷数据进行分析时，我们引入不同维度的交叉分析，深入洞察了消费人群、消费场景与各细化指标的内在关联。在消费人群方面，我们关注不同消费群体使用消费金融的基本情况、品牌偏好、对品牌各方面的满意度，以揭示不同消费群体的消费特点。在消费场景方面，我们分析了不同场景下消费金融产品的使用情况、口碑得分及场景细化指标表现，并进一步探究不同消费场景的优势。

内容总结

1. 指数解读

在中国消费金融品牌口碑指数解读一章中，本书给出了2018年30家主要消费金融品牌的口碑指数得分。综合指数表现上，蚂蚁花呗、京东白条维持领先优势，且与其他品牌差距明显。中国工商银行融e购、国美金融与中国建设银行善融商务同样位列前五。综合分项指数来看，电商系消费金融，如蚂蚁花呗、京东白条和国美金融，品牌认知指数得分普遍较高，品牌知名度较高，但京东白条和唯品花仍需注重提升品牌感知质量。持牌系消费金融中湖北消费金融表现最为突出，品牌感知质量及品牌忠诚得分较高，但消费者认知水平较低，可适当在推广与传播方面加强建设，其余上榜的持牌系品牌相对来说稍显落后。银行系消费金融表现可圈可点，中国工商银行融 e 购和中国建设银行善融商务品牌普及度较高，且具有良好的感知质量。互金系消费金融品牌间差距较大，平安普惠消费金融品牌感知质量和品牌忠诚得分较高，微粒贷和拍拍贷则是品牌认知得分较高，各品牌需根据自身状况进行针对性的提升。

另外，本书对比《2016 年中国消费金融品牌口碑指数》和《2017 年中国消费金融口碑指数》，分析了连续三年的品牌口碑指数的排名变化并解读了典型品牌排名变化的原因。其中蚂蚁花呗和京东白条两大电商巨头发展势头仍然迅猛，排名与 2017 年一样保持在前两名，尤其是蚂蚁花呗，连续三年蝉联消费金融口碑综合指数 TOP1，指数得分也与其他品牌相差较大，具有较大的领先优势。国美金融在 2017 年进步较大，2018 年排名未变，品牌发展较为稳定良好。平安普惠消费金融、湖北消费金融和海尔消费金融 2018 年进步较大，排名都有大幅度上升。拍拍贷、58 月付房租、兴业消费金融、苏宁消费金融和百度有钱这 5 个品牌的 2018 年的排名下降较多，下降的幅度均超过 10 名，而这 5 个品牌中除兴业消费金融外，其余 4 个品牌在 2017 年表现均还不错，排名或保持不变或上升。易分期表现起起伏伏，该品牌在 2017 年跌出榜单后 2018 年又重回榜单。所以品牌建设应该关注到方方面面，重视消费者的口碑，以此实现长远的发展。

2. 消费者洞察

在消费金融使用者洞察一章中，分析了不同群体使用消费金融的时间长短和次数差异、品牌认知渠道和品牌知晓情况的差异、使用消费金融品牌和目的的差异，深入分析消费者的偏好差异。消费金融使用人群在地域分布方面，主要集中在广东、北京、上海和江苏等经济发达地区的城市人口；在年龄方面，基本都在50 岁以下，其中 35 岁以下的青壮年占比近九成。相比 2017 年，消费金融的使用频率和时长都明显增多。同时，消费者的消费金融品牌选择存在明显的性别和区域差异。微粒贷和百度有钱在男性市场占据了不少的份额，而女性更多地使用唯品花、中银消费金融、爱钱进等品牌；苏宁消费金融、百度有钱、中银消费金融在城市地区的使用率较高；而微粒贷、360 分期、拍拍贷在农村地区的使用情况更乐观。不同品牌系别之间也存在明显的用户群体差异，电商系的用户集中在 18～24 岁的年轻学生一族，而银行系、互金系和持牌系的用户群体重合度较大。

本书通过审批服务、贷款利率等品牌感知质量细分指标与人口统计变量，以及品牌满意度、重复使用等品牌忠诚细分指标与人口统计变量的交叉分析，得出不同群体对品牌各环节感知质量的差异和品牌忠诚度的差异。同时通过回归进一步考察了影响其品牌感知的主要因素。综合来看，提高系统安全、改善投诉处理和服务人员的态度能有效提高消费者对品牌感知质量的评价，增强用户黏性，各品牌应加强对这些指标的关注。

采用聚类的方法，本书还分析了使用消费金融的五类典型人群，并对各类人群的利率选择和收入特征做了描述。其中高收入高消费客群和满意度较高客群较优质，多为一线城市 30 岁以上人群，以企业中层管理人员和企业普通职员为主，对消费金融的认识和使用经验均较好，对自己选择的消费金融品牌满意度也较高；年轻低收入客群属于潜力上升中的客群，需做好培养；爱投诉客群投诉率高、逾期率高、满意度低，需要品牌方注意经营和挽回；利率非敏感客群对利率不够清楚，企业应做好提醒和引导的工作。

3. 场景洞察

在消费金融使用场景洞察中，我们探讨了 11 个消费金融场景的使用情况以及不同群体消费场景的使用率，并分析了不同系别品牌与消费场景的对应情况。另外，我们还选取了前 9 个使用率最高的消费场景对其流程、产品、服务、平台安全等评价感知质量方面的细分指标和品牌满意度、重复购买等评价品牌忠诚的细分指标进行分析。

数码 3C 场景、日常用品场景、家电场景和装修/家居场景是消费者使用最多的四个场景。女性在日常用品旅游、医疗/医美和汽车场景下使用消费金融服务的比例要高于男性，而相比于女性，男性在数码 3C、家电和租房场景下会更多地使用消费金融服务。随着年龄的增加，数码 3C、日常用品、教育/培训、租房和医疗/医美消费场景的人数占比逐渐减少，而汽车、家电和旅游消费场景的人数占比逐渐增加，反映出了不同年龄段群体不同的消费需求和特点。各品牌在场景布局时应结合年龄因素，针对不同年龄段人群，个性化地设计、营销产品。

不同系别消费金融品牌根据自身特点主要侧重发展的消费场景不同。由于电商平台的支持，电商系消费金融品牌通常提供日常用品的消费场景供消费者使用，互金系和持牌系消费金融品牌用户主要在旅游、租房、医疗/医美、教育培训等场景下使用消费金融服务，由于互金系品牌和持牌系品牌背后无电商平台的支持，只能通过挖掘购物场景以外的消费金融场景来为消费者提供消费信贷。银行系品牌由于购物场景和其他场景都略有涉及，所以并未与某个场景联系比较紧密。

各场景由于消费金融产品性质不同，利率和利率水平感知有差别，其中日常用品和数码3C的平均利率较低，零利率占比较大，有场景下申请额度低、分期时间短的特点，汽车和医疗/医美场景下消费额度大，分期时间长，故利率水平较高。购物性质场景下的利率水平整体偏低，从而满足普通消费者的购物需求。大多数消费者认为各场景下产品的利率水平中等，在预期之内。与其他场景相比，租房和家电场景下认为利率水平偏低的消费者占比要高一些，说明这两大场景下产品的利率还有提升的空间。

各场景下消费者对消费金融产品了解程度不高，服务人员质量评价不一，消费者对旅游、装修/家居、数码3C、家电场景下的消费金融品牌的服务人员质量评价较高，而对医疗/医美、教育/培训和日常用品场景下的服务人员质量满意度较低，尤其是医疗/医美场景。部分场景就整体来看消费者对其消费金融品牌满意度较高，但具体来看服务人员的服务态度、专业素养和业务操作都分别有需要改进的地方。

在进行场景战略布局时，消费金融品牌需结合不同场景的特征寻找突破点，以更好地建设和打造品牌形象，对于数码3C、家电、家居/装修等相对较成熟、热门的场景，在保证优质的服务之外，还需要找到自身区别于其他品牌的竞争优势，加大创新力度；对于农业、医疗/医美等新兴的场景，品牌应专注于消费金融产品的完善、服务流程的优化、平台安全的维护等基础建设。

观点总结

1. 监管

监管部门应加强监控，时刻关注企业的动态，对违反规定、肆意授信的企业严惩不贷。同时，监管部门应尽快建立完备的个人征信系统，及时将个人相关信息纳入征信系统中，实现信息共享，为消费信贷发放提供有价值的信息参考，提高风控效率，减轻多头借贷带来的坏账风险，维护市场的和谐。对于"现金贷"，要继续严加监管，在2018年重拳规范整治了现金贷业务后，依然存在一部分利用监管漏洞变相进行现金贷业务的现象，需进一步整治，鼓励合规企业进行消费场景的发展和创新。最后，应对暴力催收、高利贷、信息安全等市场乱象进行管制，规范消费金融企业对消费者信息和隐私的保护，保障消费者权益。

2. 企业

在运营方面，企业要合理授信，避免高杠杆带来的金融风险，对用户的收入、资产负债情况等都要纳入风险控制体系。同时，要严格贷后管理，严格把控贷款流向消费端，并且通过人性化的催收手段，降低不良贷款率和逾期率。为了进一步的增长，企业还要根据消费现状，积极创新消费金融服务方式和金融产品，满足居民高品质、个性化、多场景的金融需求，不断丰富金融产品，同时把金融科技同场景业务发展紧密结合。品牌建设方面，企业应注意品牌形象的打造和维护，关注品牌的知名度，增加宣传和推广的力度，为品牌获取更多优质的顾客。树立起正面的品牌形象，打造良好的口碑，让用户放心，共同促进消费金融行业的良性发展。优化消费者使用体验，找到品牌建设中的薄弱环节，逐个解决，弥补短板，以提高用户对品牌的感知质量满意度，从而进一步加强品牌忠诚度。

3. 消费者

消费者自身要在诚信的基础上规范使用消费金融产品，提前准备好钱款，按期还款，做到尽量不逾期、不多头借贷。在使用消费金融产品前，多了解贷款利率、逾期处罚等金融知识，结合自己的使用需求，选择合适的消费金融产品。最重要的是，在消费金融提供财务方便的同时，也要考量自己的经济能力，在收入所能承担的范围内适度消费，做到不过度消费。

目　录

第一章　消费金融理论

一、消费金融相关概念的定义

所谓消费金融，广义上可以理解为与消费相关的所有金融活动。由于消费金融涉及面很宽，明确界定消费金融的内容和范畴仍是一个未完成的任务。

根据学术界的研究，广义上的"消费金融"（Consumer Finance）实际上可理解为消费者对各类金融产品的购买及使用。国外关于消费金融的研究起步较早，这和西方国家信用体系相对健全、数据资源尤其是微观数据较为丰富以及西方人的消费观念有较大关系。国际学术界对于该领域的研究可能涉及以下相关概念：Consumer Finance（消费者金融）、Personal Finance（个人理财）、Household Finance（家庭金融）、Consumer Credit（消费信贷）。

相比较而言，国内该领域的研究起步较晚，同国家扩大内需战略相一致，近几年，消费金融领域获得了广泛关注。国内关于消费金融的含义说法较多，而业界通常采用较狭义的概念界定"消费金融"，即以消费为目的的信用贷款。我们认为，在国内市场，"消费金融"这一概念可等同于学术研究中"消费信贷"

（Consumer Credit）的概念，即与消费尤其是短期的简单消费直接相关的融资活动（王江等，2010），也即资金提供方为消费者提供的以生活消费为目的的贷款产品或金融服务。

二、本书对消费金融品牌的分类

目前，虽然学术界并未对消费金融的概念给予一个清晰的界定。但在本书中，我们采用业界的定义，将消费金融定义为"资金提供方为消费者提供以生活消费为目的的贷款产品或金融服务"，期限通常在 1 ~ 12 个月内，业务范畴不包括房贷和车贷，金额一般在 20 万元以下的小额信贷。

消费金融品牌则指提供上述消费金融产品或服务的品牌。学术界与消费金融市场对消费金融品牌分类方式并无统一的定论，通常采用两种分类方式：一种是按照出资方性质分类，将消费金融品牌划分为银行系、产业系、电商系和 P2P 系等，虽然这种分类方式被行业采用较多，但是由于很多银行与企业合作开展消费金融业务，一些品牌难以归类；另一种是按照消费场景分类，包括数码 3C 类、教育类、校园类、医美类、装修类和租房类等，迎合了消费金融行业场景化的发展趋势，但是由于多数消费金融品牌均在多个场景有所布局，按照消费场景分类容易交叉重叠。

综合考虑上述品牌分类方式及行业现状，本书决定将消费金融品牌按照机构类型分为下列四类，方便后续分析：

第一类为持牌系，专指拥有消费金融牌照的消费金融公司，包括中银消费金融公司和招联消费金融公司等。中国银行业监督管理委员会（以下简称中国银监会或银监会）在 2013 年发布的《消费金融公司试点管理办法》中将这类消费金融公司定义为："经银监会批准，不吸收公众存款，以小额、分散为原则，为中国境内居民个人提供以消费为目的的贷款的非银行金融机构。"

第二类为银行系，近年来，商业银行凭借其强大的资金供给优势，也积极地涉足消费金融领域，形式较为多样。除了通过出资建立上述的持牌系消费金融公司之外，银行自身还结合信用卡、移动 APP、消费场景等形式来开展消费金融业务，如中国工商银行的融 e 购、招商银行的掌上生活等。

第三类为电商系，是指以电商为背景成立的综合金融服务平台，通过分期等消费金融业务为电商平台产品端用户提供信贷便利，消费闭环构建较为成功，例如，典型的品牌有蚂蚁花呗、京东白条等。

第四类为互金系，包含消费分期平台、P2P 等互联网金融机构，业务形式较为多样，主要是借助互联网进行线上申请、审核、放款及还款全流程的消费金融品牌，如趣店、拍拍贷、百度有钱花等。

三、消费信贷决策理论研究

（一）消费信贷使用行为的影响因素

消费者对消费信贷产品的使用行为，包括贷款倾向（是否会使用信贷产品）、贷款金额、贷款期限等方面。对于这些行为，目前研究中涉及的影响因素主要可分为两大类型：一类是信贷产品、营销沟通、消费者教育等外部因素；另一类是消费者的人口统计学特征、知识与经验、人格特质和态度倾向等内部因素。

1. 外部因素

一方面，信贷产品的利率水平相当于其价格的高低，一般来说，信贷产品的费率越高，消费者的需求就会越低（Ranyard et al.，2006；Alan & Loranth，

2013）。李季和吴慧（2019）也通过实验发现，消费者感知到的利息成本与其消费分期的使用倾向呈负相关。不过，也有越来越多的有关消费者次优信贷决策的研究指出，消费者并不总是会理性地选择费率最低的信贷产品（Ausubel，1991；Shui & Ausubel，2005；Ponce et al.，2017）。Ranyard 等（2006）的研究发现，在期限、利率均不同的分期计划中选择时，相比于年均利率（Annual Percentage Rate，APR），消费者会更加关注分期付款的总费用，因为消费者倾向于直接为一个信贷分期项目建立一个总的心理账户，以减轻记忆负担和认知努力，重点关注该贷款对其造成的总"压力"。

另一方面，消费者在使用消费信贷产品时并不总是为了平滑消费，有时也可能只是出于便利性。例如，Brito 和 Hartley（1995）的研究指出，尽管银行贷款利率相对于信用卡利率低一些，但持卡人并不会因此而放弃使用信用卡，原因是对于时间较短、难以预测的资金需求而言，信用卡的便利性更强。清华大学中国金融研究中心 2010 年开展的消费金融调查结果也表明，在持有信用卡的家庭中，有 59% 的家庭使用信用卡仅仅是为了支付便利（廖理等，2010）。

Soman 和 Cheema（2002）的研究发现，消费者会把可用的信贷额度当作他们未来可实现收入的一个信号，因此，可用信贷额度大小对消费者使用信贷进行消费的倾向有很好的同向预测作用。此外，Crook 和 Hochguertel（2006）的研究也表明，信用约束（即家庭借贷或融资时所受到的外在限制，例如，银行的授信额度）也是影响家庭负债的重要原因。

Petersen 等（2015）利用阿拉伯联合酋长国一家金融服务公司的消费者数据库中来自 34 个国家的客户数据，综合 RFT 理论（Regulatory Focus Theory）及 Hofstede 提出的文化差异理论，通过实证分析发现，在消费者信贷使用决策方面：不确定规避倾向更低的消费者信贷使用会更多；促进导向的营销沟通（即推销负债类、消费类产品）会提升消费者对信贷的使用，且当消费者来自不确定规避倾向更低的国家时，促进导向的营销沟通对消费者信贷使用的增加影响更显著。

对于金融教育对消费者信贷使用的影响，传统观念认为，尽管金融知识教育会促进消费者较为理性的消费信贷行为（Bernheim et al.，2001），但现实数据显示，金融教育努力的影响甚微。因此，越来越多的学者开始从不同类型的金融教育影响力出发进行研究。其中，Bolton 等（2011）指出，真正有效的消费者金融教育需要同时包括"聚焦贷款的教育"（主要有关贷款的运作机制）和"聚焦贷者的教育"（主要有关贷款提供方的动机）两方面，而非传统单一的有关金融数字计算方面的教育；Brown 等（2016）则通过实证研究发现，数学和金融知识教育能够显著降低 19~29 岁美国青年对贷款的依赖，改善他们的偿还行为和财务账户平衡状况，而经济学教育反而增加了美国年轻人贷款逾期以及出现偿还困难的可能。

Georgarakos 等（2014）在探究社会互动对家庭信贷的影响时指出：感知的同辈收入越高，越容易增大家庭负债和财务困难的可能性。苗淑娟、李萍萍和徐颖（2018）研究发现，同龄人比家人对大学生互联网消费信贷决策的影响更显著，并且同龄人的信任度对大学生互联网消费信贷行为有明显正向影响。

2. 内部因素

（1）在人口统计特征方面。臧恒旭和李燕桥（2012）的研究表明，不同收入层次的居民对信贷条件变化的敏感程度明显不同，中等收入和较高收入组的居民信贷敏感性系数最高，高收入组居民次之，而低收入组和较低收入组居民最低。许华岑（2017）发现，不同年龄人口群体在消费信贷的需求、结构、偿还等方面都有所不同。20 世纪七八十年代的中年人是消费信贷需求的主力军，而这部分人在消费信贷中用于生活必需品支出的比例也最大；虽然五六十年代中年人承受着较重的经济和生活压力，但是他们的消费信贷违约行为却较年轻人和老年人低。Stango 和 Zinman（2015）的研究发现，在美国，高收入、高文化水平的信用卡用户，在保持信贷账户平衡方面做得更好。实际上，消费者的信贷使用决策不仅受到收入水平的影响，还具体受到收入来源的影响，包括退还的税收（Agarwal et al.，2007）、预期之外的收入（Agarwal & Qian，2014）等对消费信贷的刺激作用。此外，Zhu 和 Meeks（1994）的研究发现，教育程度低的户主会有更大的透支数额。然而，Chien 和 Devaney（2001）的研究则表明，户主教育程度较高的家庭，消费信贷的数额更大一些。与此一致，江明华和任晓炜（2004）对中国消费者的研究也发现，受过高等教育的持卡人中有透支习惯和透支行为的比率高于没有受过高等教育的持卡人。

（2）在知识、经验与人格特质方面。Soman 和 Cheema（2002）综合采用实验和调查的研究方法发现，相比于信贷新用户，有经验的消费者感知的信贷额度可信度更低，对应的受可用额度刺激进行信贷消费的可能性也会降低。Lusardi 和 Tufano（2015）与市场调查公司 TNS 合作在美国开展的大规模问卷调查显示，缺乏必要的金融知识是消费者过度使用消费信贷产品的重要因素。此外，还有学者发现自控能力的高低直接影响信用卡使用行为和信用负债（Medina et al.，1996；Sidime，2004），负债较多或者有信用负债的消费者，往往表现出更低的内控性和更高的外控性（Livingstone & Lunt，1992；Davies & Lea，1995），即他们感知的自我价值较低，且认为生活更多是由他们自身以外的力量控制的。Norvilitis 等（2006）的研究表明延迟享乐与负债呈负相关关系。王丽丽（2010）的研究也发现，内控性、延迟享乐、自尊、自控这四种人格特质均会负向影响消费者循环信用的使用频率，且影响程度依次上升。

（3）消费者的态度也会影响消费信贷的使用。研究发现，当消费者对于借钱消费的行为持有比较积极的看法时，会更倾向于使用信贷消费（Lea et al.，1995；Chien & Devaney，2001）。李季和吴慧（2019）的研究则发现，消费者的债务厌恶心理和感知监控成本会降低人们对消费分期的使用意愿。学者们还从认知、情感和行为三个维度研究了消费者的信用卡态度对消费信贷行为的影响。其中，Yang 和 Lester（2001）的研究发现，那些在信用卡的情感态度维度得分高的消费者更可能拥有更多的信用卡。王丽丽（2010）的研究得出，消费者对信用卡态度的情感维度和行为维度得分越高，其使用循环信用的频率越高，相反地，信用卡态度的认知维度得分越高，使用循环信用的频率越低。此外，Yamauchi 和

Templer（1982）将消费者的金钱态度划分为四个维度：权力威望、维持保留、不信任及焦虑。基于此，Hayhoe 等（1999）对大学生信用卡持有行为的研究发现，未持有信用卡的学生在金钱态度的"维持保留"维度上得分较高。王丽丽（2010）的研究则发现，"维持保留"维度与消费者小额分期付款行为表现出显著的正相关性，而"权力威望"维度得分越高，循环信用使用频率越高；"维持保留"维度得分越高，循环信用使用频率越低。

结合王丽丽（2010）的研究，我们认为，在已有研究中涉及的一些偏心理层面的影响因素，基本上都与风险态度、债务态度以及金钱态度三类态度倾向有关，因此，我们将相关研究中涉及的影响因素也分为这三类进行阐述。

3. 有关风险态度的影响因素

已有研究考察了消费者自我构念、社会网络规模感知、在线社群成员关系感知、认知闭合需要、象征效应等因素的影响。实际上，以上因素主要是会影响消费者对于风险的感知，即风险态度，进而影响消费者的信贷行为决策。具体而言，Mandel（2003）的研究发现，相比于独立型自我构念，当依赖型自我构念（对家人和朋友的意识程度更高）被启动时，消费者不仅会倾向于在金融决策上更冒险，也会在社交决策上更保守，并且其社会网络的规模大小还会在这个过程中起调节作用，即感知的社会网络规模越大，主效应越显著；Zhu 等（2012）通过一系列实验室实验和田野调查得出，当消费者感受到与其他社群成员具有强连接关系时，在线社群的参与会增加消费者在金融决策中的风险寻求行为倾向，因为此种情况下消费者会感到当出现困难时，可以从其他社群成员处获得帮助；Disatnik 和 Steinhart（2015）发现，当与投资决策有关的不确定性发生变化时，较高的认知闭合需要会阻碍消费者及时调整他们的投资决策、始终保持决策与风险偏好的一致性；有关"象征效应"的研究则指出，对于不确定性和风险性较高的产品，当面对一个更符合规范的选择和一个更具有诱惑性的选择时，如果仅仅是同时增加一个小小的数量（Mere Token），更具有风险性的那个选项被选择的概率就会增加（Urminsky & Kivetz，2011）。

4. 债务态度的影响

一些研究指出，当消费者对于借钱消费的行为持有比较积极的看法时，会更倾向于使用信贷消费（e.g. Lea et al.，1995；Chien & Devaney，2001）。其中，Chien 和 Devaney（2001）通过分析美国 SCF 调查的数据指出，对信贷的态度会影响人们对信贷的使用：对借贷的一般性态度（即认为使用信贷是有利的）越积极，使用分期贷款越多；而对借贷的特定性态度（即使用信贷进行五类特定的消费支出的意愿）越积极，未还清的贷款额越高，一般性态度则无此影响。自20 世纪 80 年代以来，随着信用卡的普及，学术界也出现了将债务态度的影响聚焦为更具体的信用卡态度影响的研究趋势，但相应结论并不是很一致。其中，Yang 和 Lester（2005）利用实证研究指出，那些在信用卡的情感态度维度得分高的消费者更可能拥有更多的信用卡；有学者认为，对信用卡的态度应该综合考虑情感、认知以及行为方面（Xiao，1995），依据这一想法，王丽丽（2010）利用结构方程模型进行了相应的实证检验，结果发现：消费者在信用卡的行为态度维度及情感态度维度得分越高，其使用循环信用的频率越高，相反地，信用卡认知态度维度得分越高，使用循环信用的频率越低；消费者在信用卡的行为态度维度及认知态度维度得分与其小额分期付款行为的频率关系分别为正相关、负相关，情感态度维度则无显著影响。实际上，已有文献对于信贷的态度和行为之间的因果关系研究不是很清晰，还有待进一步验证。

5. 金钱态度的影响

Yamauchi 和 Templer（1982）的研究将金钱态度划分为四个维度：权力威望、维持保留、不信任及焦虑。其中，"权力威望"维度得分高的个体往往将金钱作为影响他人或者给他人留下影响的工具，认为金钱是成功的象征；"维持保留"维度表现较突出的消费者倾向谨慎地使用金钱、并提早对未来做财务规划，因此，这类消费者更倾向于传统的"先储蓄后消费"类型；在"不信任"维度上得分高的消费者，对涉及金钱的问题往往会表现得比较犹豫、怀疑，且常怀疑自己没有能力做出正确有效的购买决策，具有较高的价格敏感性；"焦虑"维度得分高的消费者，常会担心自己没有钱，并会用金钱作为保护自己避免焦虑的一种方式。对应地，Hayhoe 等（1999）对大学生信用卡持有行为的研究发现，未持有信用卡的学生在金钱态度的"保持"维度上得分较高。王丽丽（2010）通过实证研究则得出，在金钱态度方面，仅有维持保留维度与消费者小额分期付款行为表现出显著的正相关性；而对于消费者的循环信用使用行为，权力威望维度得分越高，循环信用使用频率越高；维持保留维度得分越高，循环信用使用频率越低。

同时，在已有的研究中还涉及心理账户、时间偏好的不一致性两个有关金钱态度的影响因素。其中，心理账户是指人们心中会对不同用途的支出设定一定的账户（可能会有支出限额），Ranyard 等（2006）指出，在期限、利率均不同的分期计划中选择时，相比于年均利率（Annual Percentage Rate，APR），消费者甚至会关注分期付款的总费用，因为消费者倾向于直接为一个信贷分期项目建立一个总的心理账户，以减轻记忆负担和认知努力，重点关注该贷款对其造成的总"压力"；还有研究提到，消费者会通过心理账户来实现在消费方面的自控，而一旦心理账户出现任何程度上的结构模糊性，消费者就可能转而屈从于诱惑，例如，把可使用的信贷看作额外之财进而使用（Cheema & Soman，2006）。而利用一个大规模的市场实验（Market Experiment），Shui 和 Ausubel（2005）发现了在消费信贷市场中存在的时间偏好的不一致性：相对于导入期利率（Introductory Interest Rate）更高、持续期（Duration）更长的信用卡，消费信贷用户更偏向于选择导入期利率较低、持续期更短的信用卡，虽然前一种方案会让他们实际受益更多（平均利率更低）。经过一系列模型检验，该研究指出对于这种偏好排序逆转之谜，双曲线型的时间偏好模型具有较强的解释力，不同于一般的指数型时间贴现函数，该模型认为，消费者的时间偏好具有不一致性，即消费者的短期内偏好远大于长期偏好，仅一点延迟就会导致评估价值的迅速下降，而在更长的延迟期中价值下降会变得缓慢。

此外，还有一些研究考察了消费者的自控力、自尊、延迟享乐、内外控等人格特质因素对消费者信贷使用的影响。

其中，不少学者认为，消费者信用卡滥用以及信用负债在一定程度上是由于消费者自控能力太低导致的，然而对于具体的影响机制存在两种不同的解释：一方面，部分学者认为，自控直接会影响信用使用行为和信用负债（Medina et al.，1998；Sidime，2004）；另一方面，一些研究指出，自控往往是通过冲动性购买等变量间接影响信用使用和信用负债的，即那些低自控的消费者在有信用卡的情况下更可能发生冲动性购买（Baumeister，2002；Strayhorn，2002）。

Norvilitis 等（2006）研究表明，延迟享乐与负债呈负相关关系；一些研究指出，负债较多或者有信用负债的消费者，往往表现出更低的内控性和更高的外控性（Livingstone & Lunt，1992；Davies & Lea，2004），即他们感知的自我价值较低，且认为生活更多是由他们自身以外的力量控制的；而王丽丽（2010）通过实证研究得出，内控性、延迟享乐、自尊、自控这四种人格特质均会负向影响消费者循环信用的使用频率，且影响程度依次上升；相应地，对于消费者小额分期付款的使用频率，此四类人格特质则不具有显著的解释力。

（二）消费信贷偿还决策的影响因素

消费者对消费信贷产品的偿还决策包括还款方式、是否会逾期、是否会违约等方面。

消费者信贷偿还决策的影响因素包括与贷款本身相关的变量，如多笔贷款各自对应的贷款额及利率、感知成本及收益、还款方式、最小偿还额要求、可用的信贷额度等；以及与消费者个人相关的变量，如人口统计特征以及心理账户、有限注意、自控力、自我效能感、金钱态度、债务厌恶心理、还款意愿等心理特点。

Jackson 和 Kaserman（1980）最早提出了借款者违约决策选择的两大假设模型：权益最大化模型（Equity Maximization Model）和偿还能力模型（Ability to Pay Model）。其中，权益最大化模型认为，消费者会先理性地比较成本及收益，进而决定是否继续偿还抵押贷款；偿还能力模型则认为，借款者选择违约主要是所得流量出现赤字、不具备还款能力的结果。实证检验发现，权益最大化模型要优于偿还能力模型。根据权益最大化模型，理论上，面对多笔债务的消费者应该先解决利率最高的贷款，但 Amar 等（2011）的研究发现，人们实际上具有"债务账户厌恶"心理，往往会更倾向于先偿还最小额的贷款以减少逾期贷款总额，从而达到自己正处在偿还贷款过程中的感觉。

除此之外，借款人的人口统计特征也会显著影响还款行为。Canner 等（1991）利用美国 SCF 调查 1980 年的数据，利用逻辑回归发现借款人年龄越大、有较多流动资产，则越趋向于正常偿还贷款；抚养亲属越少，逾期概率越低。而对使用信贷进行五类特定的消费的意愿越积极，未还清的贷款额越高。Zhu 和 Meeks（1994）利用同样的数据来源也得到类似的结果：户主年龄越大，相应的对家庭支出的控制力越强，从其他途径获取紧急经济援助的可能性也更高，从而家庭未偿还的信贷余额水平越低；户主的雇用状态对家庭未偿还的信贷余额也具有显著影响，相比于户主没有工作的家庭，户主为全职工作的家庭未偿还的信贷余额更高，这一点与信贷提供者会根据户主的雇用状态授予不同家庭以不同的信贷使用机会、户主为全职工作的家庭使用信贷的能力相对更高有关。

在心理特质方面，Tokunaga（1993）通过对比研究经历过信贷问题（主要是出现过信贷逾期或者是债务收入比超过 100%）的消费者及作为控制组的信贷使用正常的消费者，结果发现：信贷使用出现过问题的消费者往往表现出更低的内控性及更高的外控性，自我效能感较低，对其克服困难、规避风险的能力的信心不足，也因此呈现出更低的风险寻求及感官寻求（即个体需要变化的、新鲜的、复杂的感官体验，并且为了获得这些体验自愿去尝试身体的、社会的冒险）倾向；相比于能够合理使用信贷的用户，信贷问题用户的父母并非是信贷滥用者（从而为用户起到了不良示范），而是较少使用信贷、对信贷的看法比较消极，从而导致他们的子女无法对信贷形成相对客观、合理的态度和使用行为；在金钱态度方面，信贷问题用户往往会将金钱看作是权力和威望的来源，然而尽管对金钱问题比较焦虑，这部分用户也很少花费努力来关注储蓄问题。Moritz Lukas（2018）认为，在没有每月最低偿还额的情况下，目标梯度效应（Goal Gradient Effect）能够促进消费者偿还消费信贷。目标梯度效应是指人们离实现目标越接近，就越有动力从而付出更多努力和行动。对于偿还消费信贷，这一效应主要体现在当前债务水平（如 $ 7200）与最左位数次低的债务水平（如 $ 6999）的距离。正如数据表明，当前债务水平与其最左位数次低的债务水平越接近时，消费信贷的偿还随之增加。

Stewart（2009）对英国消费者的调研发现，由于锚定效应的存在，相比于没有具体给定的最小偿付金额，当最小偿付金额具体给出时，消费者各期偿还的金额会变少，相应的还款时间变长；在 Stewart（2009）研究的基础上，Navarro - Martinez 等（2011）以英美两国的消费者作为研究对象，得出：最小偿还额信息会负向影响消费者的偿还决策（即各期偿还金额），提高最小偿还额水平可以减弱这种负向影响但不能完全消除，这个过程会受到消费者自身按照最小偿还额还款的意愿的调节。

平新乔和杨慕云（2009）对消费信贷违约影响因素的实证研究发现，还款方式不同，信贷用户违约的概率不同。其中，等额本金还款方式发生违约（逾期）的概率大于等额本息还款方式。对此，研究者以道德风险模型给出了相应解释：对于同样一笔贷款，等额本金还款与等额本息还款方式的主要区别在于前者的还款压力在前期，而后者的现金流压力是前后一致的。对应地，等额本金还款相当于快速回收贷款，更多地会被提供给低质量的客户（道德风险模型认为低质量的客户道德风险倾向比较强），而等额本息还款方式则相反，会更多地提供给高质量的客户。此外，从实际出发，研究数据所涉及的贷款也多处于还贷前期，选择等额本金还款的借贷者比选择等额本息还款的借贷者面临更大的还款压力。

基于目标违背理论，Wilcox 等（2011）发现相比于自控力较弱的消费者，当自控力较强的消费者经历了信贷逾期之后，会产生更强烈的负面情绪，然后反而会更多地使用信用卡消费，而非及时偿还贷款。同时，消费者自控力与负面情绪体验之间的关系会受到可用的信贷额度的调节，当可用的信贷额度越低时，这种负面情绪会越强烈，消费者会继续增加信贷消费；而当可用额度比较高时，消费者的自控力会恢复，对应也会减少信贷消费。

理论上面对多笔贷款债务消费者应该先解决利率最高的贷款，但 Amar 等（2011）的研究发现：人们实际上具有"债务账户厌恶"的心理，往往会更倾向于先偿还最小额的贷款以减少逾期贷款总额，从而达到自己正处在偿还贷款的过程中的感觉，也因此，该研究提出了"Debt Consolidation Account"（即债务合并账户）的建议，以避免人们因债务账户厌恶心理而做出非理性的还款决策；该研究还发现，如果限制参与者完全偿还小额贷款的能力，并且促使他们关注所有债务的利率问题，可以帮助被试更快地偿还所有债务。

类似地，Ponce 等（2017）通过对墨西哥信用卡市场的研究发现，平均而言墨西哥持有多张信用卡的用户在每月的最低偿还额之上，错误分配了 50% 的偿还额给低利率的信用卡贷款，对于这种消费者贷后偿还的次优决策，该研究通过一系列的模型拟合以及经验性分析指出有限注意和心理账户两大机制具有一定的解释力：由于合约利率并不是非常显著，信用卡用户在购买支付或者偿还贷款时往往很少关注这一信息（即有限注意），相反很多人会依靠心理账户分配对不同信用卡的使用，所以会出现在偿还贷款时的信用卡错配行为。

（三）消费信贷对消费行为的影响

总体而言，消费信贷与消费者购买行为之间关系的研究可分为宏观和微观两类。

1. 从宏观角度来看

消费信贷对消费的影响主要是缓解流动性约束，刺激即期消费，以及降低资源配置效率，抑制长期消费（陈岩和史建平，2013）。刘荣茂和李亚茹（2018）利用我国 31 个省份 2003～2015 年相关数据构建面板 VAR 模型，分别从消费路径和储蓄路径分析消费信贷对经济增长的动态影响。实证结果表明，消费信贷对经济增长为非稳态的正向影响。因此，当下需要科学地发展消费信贷。Pereira（2008）研究了一个经济中企业在信贷约束和消费者信贷约束同时存在的情况下信贷约束的解除对经济发展的影响，并指出，企业信贷约束的解除有利于经济增长，而消费信贷约束的解除并不能起到同样的作用，这是因为消费信贷的增长将资金从有效率的生产部门转移到了效率较低的消费部门。国内有学者通过对消费信贷、信用约束、债务负担这些经验性文献的考察，发现消费信贷增长通常被看作对未来经济有负面挤出作用，会导致未来消费的减少（易宪容等，2004）。对此观点，有学者进一步指出，这种负面作用实际上是在消费信贷水平较高时才存在，即较低的消费信贷水平对经济个体当期消费的抑制，虽然降低了其消费效用水平，但却可以提高稳态的经济增长水平；而较高的信贷消费水平，虽然可以增加当期消费，但却会导致其总体消费效用和稳态经济增长水平双双降低（郝项超，2010）。巩师恩和范从来（2012）研究发现，1988～2009年信贷供给与消费波动呈负相关关系，并且分析了在信贷供给情形下收入不平等对于消费波动的影响机制，提出应向低收入阶层提供更多的金融服务。李燕桥和臧旭恒（2013）在流动性约束与预防性储蓄的消费模型框架下，总结了消费信贷影响我国城镇居民行为的三个渠道，并利用2004～2009年的省际面板数据进行检验，结果表明出于缓解当期流动性约束的目的，尽管消费信贷能够促进当期消费，但消费主体大多是耐用消费品，并没有缓解居民的储蓄压力，医疗、教育与房产等大额的未来刚性支出是导致消费信贷拉动消费效果较弱的主要原因。龙海明、钱浣秋（2018）从跨期和当期两个层面验证消费信贷对消费的平滑作用，然后基于省际面板数据建立面板平滑转换（PSTR）模型，检验消费信贷与城镇居民消费的相关关系。结果表明：第一，当期消费信贷对城镇居民消费支出具有正向的线性和非线性影响；第二，消费信贷滞后一期对消费支出表现出负向的抑制作用，且其影响力小于当期；第三，虽然消费信贷在平滑消费的同时拉动了消费，但由于还款压力对低消费人群的消费产生了挤出效应，消费信贷对低消费人群的消费促进作用小于对高消费人群的作用；第四，尽管收入的增加能够有效促进消费，但提高相同的收入水平对高消费人群的消费促进作用显著小于对低消费人群的作用。郭庆和刘彤彤（2018）利用中国省际面板数据构建动态跨期消费模型发现，P2P网贷对居民消费存在促进效应与挤出效应，且影响城乡消费的作用机制不同。对于城镇居民消费，P2P网贷的促进效应与挤出效应并存，且P2P网贷可以缓解城镇居民流动性约束并降低其收入不确定性，促进其大额消费支出，实现消费结构升级；但对于农村居民，P2P网贷仅能通过缓解流动性约束促进其大额消费支出，对促进消费结构升级和降低收入不确定性没有显著影响。此外，刘若秋和方华（2018）发现，消费信贷与经济增长有着稳定的关系，并且增加消费信贷有助于经济增长，此外，相比于短期消费信贷，长期消费信贷对经济增长的作用更明显。

2. 从微观角度来看

学者们主要利用调研数据对于消费信贷与消费行为之间的关系进行研究。在国外学者的研究中，有学者关注到产品类型的差异性，发现贷款行为对美国家庭耐用和非耐用消费品的不同影响，即家庭贷款行为使耐用品消费增加，非耐用品基本保持不变（Coulibaly et al.，2006）；还有学者对日本家庭的实证研究结果表明，消费信贷对消费行为并非正向的促进作用，负债行为会抑制家庭消费（Ogawa & Wan，2007）。在国内学者的研究中，剧锦文和柳肖雪（2017）发现，虽然中国消费者在教育、家装等方面表现出更强的借贷愿意，但在购买家电、非汽车类交通工具等方面并没有体现出显著的意愿，中国的消费信贷仍有很大的发展空间。徐新扩和尹志超（2017）利用清华大学金融研究中心开展的2011年全国城镇家庭消费金融调查数据研究发现，相比于房贷，短期消费贷款对家庭消费的促进作用更加明显，房贷仅对家用设备类、家居类和交通类消费有正向影响，而短期消费贷款对家庭各类消费均具有不同程度的正向影响。李广子和王健（2017）针对某商业银行信用卡中心曾进行的一次信用额度调整，获取数据进行分析，结果表明：信用额度调增对消费起到促进作用，显著提高信用卡使用频率和交易金额；信用额度调增会促进消费者调整消费结构，减少日常性消费，增加经营性消费和耐用品消费。其中，消费者的性别、婚姻状况、受教育程度和收入状况等人口统计学因素会对消费信贷作用的发挥产生影响。

3. 还有一些学者从消费心理的角度对消费信贷的作用进行了研究

Cheema 和 Soman（2006）的研究发现，消费者会通过心理账户来实现在消费方面的自控，一方面，一旦心理账户出现任何程度上的结构模糊性，消费者就可能转而屈从于诱惑，例如，把可使用的信贷看作是额外之财而会去购买诱惑性的产品；另一方面，一些研究指出，自控往往通过冲动性购买等变量间接影响信用使用和信用负债，即那些低自控的消费者在有信用卡的情况下更可能发生冲动性购买（Baumeister, 2002；Strayhorn, 2002）。Wilcox 等（2011）通过五个实验室实验和田野调查发现，相比于自控力较弱的消费者，当自控力较强的消费者经历了信贷逾期之后，会产生更强烈的负面情绪，然后反而会更多地增加消费，包括在拍卖中给出更高的竞价、更可能购买高价的商品、更多地使用信用卡等。同时，消费者自控力与负面情绪体验之间的关系会受到可用的信贷额度的调节，当可用的信贷额度越低时，这种负面情绪会越强烈，消费者会继续增加消费；而当可用额度比较高时，消费者的自控力会恢复，相应也会减少消费。

四、大数据在消费金融中的应用

总体而言，大数据在消费金融中的应用包括两方面：一是贷前的客户识别，以实现精准获取优质客户，并防范欺诈风险；二是贷后的客户管理，实时监测用户的还款意愿及还款能力，防范信用风险，避免形成不良资产。对于消费金融行业来说，发展大数据技术的核心即在于利用大数据进行风险管理，包括获客时的风险评价、提供产品及服务时的风险定价以及贷后的风险控制。

然而，目前在消费金融的战场中，依托银行的消费金融公司仍多使用以央行征信数据为主的金融数据建模，通过学历、年龄、收入、职业、资产、负债、消费水平等 10~20 个强变量，对用户进行信用评级，依据评估结果进行客户审核以及分级的贷款审批。虽然这种非大数据的客户管理方式简单直接，但却有着明显的两大弊端：一是无法对全国约 75% 的"征信白板"用户进行信用评估，二是一旦这些强变量中任何一个变量缺失，都会导致模型失效。

相比之下，拥有互联网背景的消费金融公司在采取大数据的技术手段方面则表现得更为突出。此类消费金融公司正尝试在静态的征信数据基础上，追加互联网行为动态特征的非金融数据建模，综合运用用户的贷款、消费、社交、娱乐等多维的强弱变量，形成对信贷用户的精准画像。例如，国内第一家做电商购物和消费分期相结合的乐信集团，就自主研发出"鹰眼引擎"作为风险管理的核心手段，该系统通过实时的人脸识别、机器指纹验证以及行为数据评估形成对新用户的审核、决定是否生成订单；运用聚类分析、逻辑回归、随机森林、梯度决策树、神经网络等大数据分析方法及机器学习手段，不断挖掘基于自有购物场景及第三方提供的用户行为数据、外部征信数据、社交网络数据、反欺诈的黑名单信息等多渠道的数据，对用户进行区隔分类、评价分析；通过数据沉淀，构成包含用户还款意愿及能力、负面信息等多维度的用户信用成长系统，进而提供相匹配的服务或产品。

虽然一些行业领先的消费金融公司已纷纷开始运用大数据技术进行信用风险管理，但从整体来看，国内为数众多的消费金融平台往往无法获得正规有效的金融信息服务的渠道，缺乏有效的信贷信息共享机制，这些消费金融为了更好地了解消费者，进行风险管理，只能自己寻找各种相关消费者数据源，整合大数据对消费者进行风险画像和评估，结果可能导致风控成本高而效果差。目前，消费金融行业不良率水平已出现升高。可以说，对于国内消费金融行业的发展来说，大数据风控既是机遇，也充满挑战。

第二章 研究背景与意义

一、消费金融行业的发展

（一）国家政策

2018 年 8 月 17 日，中国银保监会办公厅发布《关于进一步做好信贷工作提升服务实体经济质效的通知》，明确要积极发展消费金融，增强消费对经济的拉动作用，适应多样化多层次消费需求，提供差异化金融产品与服务，支持消费信贷等，通过创新金融服务积极满足旅游、健康、养老等升级型消费的金融需求。该通知的发布促使消费金融公司积极创新产品与服务，切实满足消费者的多样需求，同时也进一步刺激了金融科技在消费金融领域的发展。

2018 年 9 月 21 日，中共中央、国务院印发《关于完善促进消费体制机制，进一步激发居民消费潜力的若干意见》（以下简称《意见》），《意见》指出，要顺应居民消费升级趋势，努力增加高品质产品和服务供给，切实满足基本消费，持续提升传统消费，大力培育新兴消费，不断激发潜在消费，并强调以吃穿用消费、住行消费、信息消费、文旅消费、教育消费与健康养老消费六个方面作为提高国民消费的推进重点。此意见的下发意味着"消费"再一次被提到国家高度，在这一波变化下，消费金融或将迎来新一轮的业务增长点。

2018 年 10 月 11 日，国务院办公厅印发《完善促进消费体制机制实施方案 (2018~2020 年)》（以下简称《方案》），提出进一步放宽服务消费领域市场准入，完善促进实物消费结构升级的政策体系，建立健全消费领域信用体系，优化促进居民消费的配套保障等。

《方案》强调要积极培育重点消费领域细分市场，全面营造良好消费环境，不断提升居民消费能力，或将进一步刺激居民消费能力的释放，推动消费金融的发展。目前消费金融行业场景之争愈演愈烈，《方案》的出台或许能为消费金融公司深入挖掘消费场景提供新的思路与方向。

（二）行业规范

2018 年 10 月 17 日，中国银行业协会消费金融专业委员会（以下简称"专委会"）成立大会暨一届一次全体成员会议在北京召开，在此次会议中，中银消费金融当选第一届专委会主任单位，招联消费金融、捷信消费金融、兴业消费金融、马上消费金融、苏宁消费金融和中邮消费金融 6 家公司当选第一届专委会副主任单位，22 家持牌消费金融公司经审批成为会员单位。

消费金融专委会的成立，是从 0~1 的开创过程，对消费金融行业意义重大。消费金融专委会的存在能促使消费金融企业加强行业自律和同业交流，有利于市场结构优化和风险防范，有效维护行业秩序，促进行业规范、健康、可持续发展。

（三）市场发展

1. 中国消费金融进入行业整顿期

（1）政策监管从严。总体来说，虽然国家对消费金融行业出台的政策不断利好，支持力度较大，但这并不意味着纵容消费金融行业的野蛮生长，随之而来的监管也是越来越严格。

1）近两年，持牌消费金融公司频频受到北京银保监局的处罚。2017 年 8 月 8 日，北银消费金融有限公司由于贷款和同业业务严重违反审慎经营规则、超经营范围开展业务、提供虚假且隐瞒重要事实的报表、开展监管叫停业务等原因被处以 900 万元的罚款。2018 年中银消费金融有限公司也因违规、违法接连被罚三次。除这两家之外，还有多家持牌消费金融公司受到处罚如表 2 – 1 所示。

表 2 – 1　2018 年持牌系消费金融公司处罚情况

名称	日期	被处罚款金额	主要违法违规事实
中银消费金融公司	2018 年 9 月 26 日	150 万元	一是借款人收入情况贷前调查未尽职； 二是未严格执行个人贷款资金支付管理规定； 三是未采取有效方式跟踪检查贷款资金使用
中银消费金融公司	2018 年 5 月 28 日	138.68 万元	因办理部分贷款时，存在以贷收费的行为
中银消费金融公司	2018 年 10 月 10 日	10 万元	违背《征信业管理条例》
海尔消费金融公司	2018 年 1 月 10 日	10 万元	违反《中华人民共和国消费者权益保护法》关于消费者权益保护的相关规定
杭银消费金融公司	2018 年 5 月 28 日	50 万元	信贷管理不审慎并形成风险
北银消费金融公司	2018 年 8 月 7 日	30 万元	违反《征信业管理条例》相关规定

现金贷作为消费金融业务之一，用户不需要在生活消费场景下就能直接获得资金，虽然是对消费贷的有力补充，但暴力催收、高利贷、信息泄露、重复授信等问题严重，备受诟病。

2017 年 11 月 21 日发布的《关于立即暂停批设网络小额贷款公司的通知》以及同年 12 月 1 日发布的《关于规范整顿"现金贷"业务的通知》放出了监管从严的强信号。其中对现金贷的监管措施主要有五点：一是严格的牌照制，无牌照禁止放贷，暂停地方监管部门新批设互联网小贷公司，已经批设的也要重新审查；二是综合年化费率不得超过 36%，贷款条件和逾期处理等信息必须事先公开披露；三是杠杆率最高 3 倍；四是禁止 P2P 提供资金，禁止现金贷机构与银行业金融机构合作放贷（助贷模式）；五是暂停发放无特定场景依托、无指定用途的网络小额贷款，逐步压缩存量业务，限期完成整改。也就是说，现金贷必须依托真实消费场景。

2）严格的监管措施迫使现金贷平台纷纷转型。主流的现金贷头部平台向合规转型，转型方向包括大额分期、线上分期商城、线下场景消费金融、贷款导流、出海东南亚以及区块链。同时虽然有很多现金贷平台基本停掉相关业务压缩成本暂求存活，但也有一些小平台通过会员卡、借条、回租模式开展变相现金贷业务在短期利用监管漏洞逃避监管，而 2018 年 5 月 30 日，《关于提请对部分"现金贷"平台加强监管的函》的下发进一步打击了变相现金贷业务。

（2）资金供给端发生重大变化。随着国家监管力度的加大，消费金融平台的资金来源也受到了限制，面临困境。传统的金融机构，例如，城商行、民营银行等，不仅停止了对现金贷的放放，还缩减了对持牌消费金融公司的放款量。曾经信托通道业务也是消费金融的重要资金来源，但各家信托得到监管部门指示，针对信贷资产的通道业务被叫停。最后，P2P 平台因为自身要忙于筹备 P2P 牌照的备案，也纷纷抽回信贷资金。

消费金融平台的资金来源除了传统金融机构和 P2P 之外，消费金融 ABS（资产证券化）也是非常重要的。根据中国资产证券化分析网的数据显示，2017 年个人消费贷款 ABS 共 176 只，总发行 4723.39 亿元，其中产品主体多为银行和消费金融公司的信贷 ABS 有 23 只，发行额 1489.36 亿元，而产品主体多为电商背景的企业 ABS 有 153 只，发行额 3234.03 亿元。2018 年整体大幅缩减了 36%，个人消费贷款 ABS 共 111 只，总发行 3039.39 亿元，其中信贷 ABS 有 18 只，发行额 1101.78 亿元，而企业 ABS 有 93 只，发行额 1937.61 亿元。缩减的原因主要是 2017 年底网络小贷 ABS 融资被纳入表内，合并计算杠杆率，严格限制了消费金融 ABS 的扩张。但是自 2018 年下半年以来，消费金融 ABS 发行利率降低，出现回暖现象，企业 ABS 个人消费贷款产品平均利率与上一季度的 5.4% 相比，下降至 5.04%，发行数量也随之有所提升。

2. 中国消费金融市场仍具有较大发展空间

（1）消费需求持续扩大。近年来，中国社会消费品零售的增长势头表现较为强劲，随着全面深化改革的不断推进，刺激消费的相关政策在不断发挥作用。国家统计局的数据显示，2018 年 1～10 月，我国社会消费品零售总额达309833 亿元，比 2017 年累计同比增长 9.2%，中国消费市场的增长空间巨大。与此同时，中国人均可支配收入在 2018 年第一、第二、第三季度的累计增速达到 6.6%，居民的消费水平稳步提升，为消费金融的高速发展奠定坚实的基础。

中国居民的收入水平不断提升，消费总量不断增加，消费能力不断提升，消费需求持续扩大，进一步推动了消费金融市场的发展。

（2）参与主体多元化。目前我国的消费金融市场的参与者主要包括四大类：商业银行、消费金融公司、电商平台和互联网金融平台。商业银行依托稳定、低成本的资金实力，在传统消费金融领域占据着绝对的优势，近年来也加大了对新消费信贷领域的支持。消费金融公司通常具有单笔授信额度小、审批速度快、抵押担保要求低、全天候服务的独特优势，是新兴消费金融领域的代表。作为头部玩家的电商平台的核心竞争力则来源于庞大的客户群和与实在的消费场景。互联网金融平台是消费金融领域市场的重要参与者，服务差异化较大。

随着消费金融的高速发展，一批互联网新星企业跨界进入消费金融市场，2018 年 2 月，滴滴金融开始涉足消费金融，7 月，携程成立金融科技子公司，准备进军金融领域，同时手机企业 vivo 和 OPPO 也都在组建消费金融团队，互联网企业的竞争优势来源于庞大的用户流量，但以后是否能在消费金融里占得一席之地还需看它们后续表现。除此之外，具有强大的资产管理能力的信托公司也可能成为消费金融市场中的重要一员。更多的企业和机构涉足消费金融业务，给消费金融市场增添新的活力。

3. 金融科技助力中国消费金融发展

（1）挖掘消费场景需求。受 2017 年 12 月银监会整顿现金贷平台的影响，2018 年消费金融行业对场景的争夺将更加激烈。基于消费金融行业的基本特点来看，只有场景才能让消费金融行业持续健康发展。但是由于业务模式清晰的个人信贷场景类型较为有限，场景竞争已成为红海，早期进入者已经开始享有先发优势。场景竞争白热化对各平台公司的消费金融产品提出了新的要求和挑战，产品体系化、细分化趋势明显。

随着人工智能、大数据等技术的不断渗透，平台能够依靠科技主动收集、分析、整理各类用户数据，刻画用户画像，深入挖掘场景资源，细化服务市场，打造有针对性的金融服务解决方案，从而满足用户的真实消费需求，实现平台与客户的双赢。近年来，以漫道金服旗下第三方支付公司宝付为例，宝付借助客户端支付的产品和服务优势，深入洞察消费金融垂直细分市场，为持牌消费机构场景化赋能。在场景创新方面，针对家装、租房等实际应用场景，提供多种产品功能，并定制灵活安全的支付解决方案，从而提升消费场景的服务效率。

（2）突破传统风控瓶颈。消费金融快速发展中，暴露出用户过度消费、多头借贷等乱象使得风险管理成为关键。传统的商业银行通过央行征信数据和人工审核用户提交材料控制金融风险的方式繁杂且效率低，而金融科技的运用改变了这一现状。金融科技利用传统金融没有触及的数据，如电商平台的网页浏览购物记录、客户在 APP 的行为轨迹，甚至 GPS 的位置信息等，有效地识别客户，加强了金融机构反欺诈、反套现、贷后催收管理能力。例如，京东金融的安全魔方系统和天盾账户安全与反欺诈系统，分析用户的历史行为和设备环境等因素，提升风控水平。

二、金融领域的相关指数

对金融领域中的指数进行归纳整理，大致可分为互联网金融指数、银行业指数、保险业指数、证券业指数。

对于互联网金融指数，现有衡量互联网金融整体发展、企业发展、创新情况、投融资情况、P2P 网贷平台风险情况、对消费者影响以及消费者投资信心的指数，如中国金融互联网化指数、COIN 互联网金融创新指数等；对于银行业指数，现有衡量银行总体经营情况、盈利情况、贷款审批情况的指数以及企业、行业贷款需求、银行卡消费信心的指数；对于保险业指数，现有衡量中国保险业发展情况、景气情况、养老储备情况等指数；对于证券业指数，现有反映股票市场、股票走势，追踪股票进行量化投资等指数，具体指数如表 2 - 2 所示。

表 2 - 2　金融领域指数整理

指数名称	发布时间	发布机构	指数介绍
中国金融互联网化指数	2016 年 3 月	企鹅智酷、尼尔森、论坛官方杂志《博鳌观察》三方联合	从投资、融资、支付三大金融模块来看，可知可得、易得、得益三个维度，评估金融互联网化发展对金融消费者的影响力
北京大学互联网金融发展指数	2016 年 8 月	北京大学互联网金融研究中心	按照互联网金融业务的属性，将互联网金融业务划分为六大板块，即互联网支付、互联网货币基金、互联网信贷、互联网保险、互联网投资理财和互联网征信。根据各业务的广度指标和深度指标，合成单项业务的发展指数，汇总成反映互联网金融整体发展的总指数

续表

指数名称	发布时间	发布机构	指数介绍
深圳互联网金融前海指数	2015 年 9 月	《前海特报》与深圳第一网贷联合	运用大数据技术，对于深圳互联网金融企业的发展状况予以动态跟踪和分析，为行政决策、社会监督和行业发展提供数据参考
COIN 互联网金融创新指数	2015 年 5 月 第 1 期 2016 年 11 月 第 2 期	跨界创新平台、艾瑞咨询集团、零壹财经	4 个一级指标（直接融资、间接融资、支持服务、产业环境）、10 个二级指标和 28 个三级指标，对互联网金融创新情况进行衡量
深圳·中国 P2P 网贷指数	2017 年 8 月	中国互联网金融指数［第一网贷（深圳钱诚）编制］	我国第一个反映全国 P2P 网贷全貌的指标体系，包括网贷利率指数、网贷期限指数、网贷人气指数、网贷发展指数和网贷诚信指数，即分别体现借贷利率、借贷期限、借贷总人次、借贷总交易额和逾期或违约率等信息
P2P 网贷平台发展指数	每月更新	网贷之家	平台发展指数是表征某一家 P2P 网络借贷平台综合情况的指标，代表平台综合影响力，不表征平台安全性
P2P 网贷平台风险指数	2015 年 1 月	对外经贸大学	表征某一家 P2P 网络借贷平台的风险情况
希财 P2P 风险指数	2017 年 1 月	希财网	希财 P2P 风险指数是表征某一家 P2P 网贷平台风险情况及其应对风险能力的指数，是一个对于其他平台的相对指标
网络理财投资者信心指数	2016 年 6 月	司马钱互联网金融研究中心联合金融之家、理财之家、星火钱包等数十家互联网金融媒体、平台	反映当下互联网金融投资者信心情况，了解互联网金融投资者人群类型、风险抵抗能力等关键信息，分析当前投资环境，为互联网金融建言献策

指数名称	发布时间	发布机构	指数介绍
中国信用消费指数	2015 年 11 月	广发银行	综合了宏观经济、居民收入、物价、安全性等多维度指标，能够有效描述我国信用消费意愿和状况。为评估我国信用消费每个阶段的意愿及能力状况提供依据
中国银行卡消费信心指数	每月更新	中国银联联合新华社	以城市居民的银行卡消费交易信息为基础，通过记录、分析城市居民消费结构的变化特征（主要是非生活必需品在消费总支出中的占比的变化情况）来反映消费者对宏观经济的信心水平

区别于已发布的各指数，中国消费金融口碑指数是目前首个基于消费者视角，记录消费者对现有消费金融品牌的感知价值，综合评价中国消费金融品牌的现状的指数。

三、消费金融口碑指数的研究意义

中央财经大学与百分点集团共同编制的"中国消费金融品牌口碑指数"，是基于消费者视角，记录消费者对现有消费金融品牌的感知价值，综合评价中国消费金融品牌的真实价值，结合行业现状及热点深入分析指数得分，探寻中国消费金融行业发展规律，为消费金融品牌发展提供参考性建议。

本指数具有以下四点重要意义。

第一，对消费者而言，相比于市场规模、市场份额等数据，消费者对于消费金融品牌能够提供给他们的价值更为关注，也更愿意相信其他消费者做出的评价，准确衡量这些感知价值对消费者来说至关重要。而且，虽然市场份额可能会因促销手段等发生扭曲，但消费者的口碑却是长期稳定的。因此，基于大量市场调研数据、消费者浏览行为数据、舆情分析数据，从消费者端得出的结论更加具有实践意义。

第二，对消费金融平台而言，在这个"消费者为王"的时代，如何提升消费者体验、增加消费者满意度是各企业亟待解决的问题。本指数体系涵盖消费金融业务全流程，对消费者常用的消费金融品牌做出全方位评价，各消费金融平台可以根据指数评价结果改进自身服务流程，提升消费者体验，不断增强平台竞争力。

第三，对行业而言，由于消费金融行业还是一个方兴未艾的行业，在其快速发展的过程中，还有许多漏洞亟待解决。作为行业内首个站在消费者口碑角度研究消费金融的指数，本书旨在通过综合评价各品牌的发展情况，反映行业现状，从而促进行业自律，提高行业整体水平，推动行业蓬勃发展。

第四，对政策制定者而言，通过收集并量化消费者对现有消费金融平台的口碑，可帮助政府倾听消费者及行业发展的真实声音，有助于其在行业整体偏离健康发展轨道时及时制定政策调整，更好地防范金融风险，促进行业持续稳定地中长期发展。

四、消费金融口碑指数的特色

（一）基于消费者视角进行评价

不同于传统指数从市场份额、销售额等客观指标出发的构建方式，本指数从消费者视角出发，关注消费者对消费金融品牌的主观感知与态度。一方面，市场份额等客观指标可能会因促销手段等发生扭曲，无法真实反映品牌的实际口碑及其价值；另一方面，消费者对品牌的主观感知对其消费选择和行为有重要影响，消费者的主观态度更能准确地体现品牌在消费者群体中的地位和口碑。

因此，相比于客观指标，从消费者视角出发，实际感知消费者对于各消费金融品牌口碑的评价而得出的结论更加具有实践意义，更贴近消费金融以"消费者"为中心的本质。

（二）大小数据融合

大数据相对于小数据的优势在于海量而全面的数据覆盖，但如果需要了解消费者的态度或行为与态度之间的因果关系，目前仍然需要基于小样本数据的市场研究进行补充。在市场调研中，定性研究以心理学为基础，更适合探究消费者深层的心理原因与偏好，而大数据分析则崇尚一切以数据为准，缺少对"原因"的研究，所以，我们认为将大小数据相融合才是编制消费金融品牌口碑指数的最适方法。

本次研究将融合多种数据源，旨在更全面、准确地反映消费者态度，从而观察各消费金融品牌的口碑情况。数据来源既包括针对消费金融产品使用者的一方问卷调研数据，也包括通过大数据技术获取的网络舆情数据以及百分点媒体浏览数据。

本指标体系根据指标的特性和数据的可获得性，为各个指标选择合适的数据来源。例如，在品牌知晓方面，一方面，通过消费者调研获取特定品牌的品牌普及度；另一方面，使用百分点浏览、舆情数据两者的共同声量来确定该品牌在网络上的普及性。在品牌满意度方面，通过将网络上抓取的消费者对于不同消费金融品牌的评价，与问卷收集的对该品牌的满意度打分相融合，共同构成品牌满意度指标，以求从主客观两个角度判断消费者对不同品牌的满意程度。

（三）反映品牌价值真正来源

对于品牌价值的研究，长久以来都是从企业角度出发，把品牌价值简单地等同于企业无形资产以及由此带来的销售收入、市场占有率的增加。而这种从企业财务数据推算出品牌价值的评估方式，无法提供给企业足够的有用信息，也没有说明品牌价值的真正来源，更为严重的是这些评估方法脱离了顾客基础，忽视了品牌发挥作用的中间过程，从中看不出顾客对品牌价值的贡献。

该指数通过广泛的文献研究和多次专家访谈，构建了基于顾客视角的品牌价值评估体系。这些指标反映了品牌价值的真实来源，对企业实践和行业发展都具有积极的意义。

第三章 中国消费金融口碑指数
指标体系的构建

一、指标体系设计

本指标体系的设计思路是：在现有消费金融发展情况及品牌价值测量相关文献的基础上，综合消费金融产品形态，结合数据的可得性和可靠性，从品牌认知、品牌感知质量和品牌忠诚三个维度来构建指标体系。通过文献研究与专家访谈，我们最终确定的指标体系包含四级，共 47 个具体指标，以期能更客观、全面地反映消费金融的发展状况和各个消费金融品牌的具体情况。

品牌认知是消费者对特定品牌的认知内容，是消费者从特定产品系列中识别或回忆某一品牌时心中的直观感受。它构成了顾客产生品牌偏好和品牌忠诚的基础，因此，在衡量顾客认知的品牌价值时，品牌认知是一个重要维度。具体而言，品牌认知主要包括品牌知晓和品牌联想（如属性和利益、企业形象、品牌个性等）两个维度。消费者对品牌的知晓程度越高、认知越积极，该品牌的口碑价值也就越高。

　　品牌感知质量是消费者基于价格、价值等多方面因素的主观态度和判断，它对于消费者的购买和使用决策有很大影响。根据消费金融产品的特征和主要运行模式，感知质量的来源可具体划分为流程、产品、服务和平台安全四个层面。消费者在各个层面对品牌的感知质量构成对该品牌的整体感知质量。

　　在品牌忠诚方面，现有测量可以分为行为测量和态度测量两类。我们把消费者的购买意向和态度偏好看作是重复购买的动机，即态度测量。本指数指标体系所用的测量方法就是态度测量，通过品牌满意度、消费者重复购买意愿、向他人推荐的意愿、消费者对竞争品牌的态度以及不同情况下消费者是否会选择更换其他产品这五项指标，来测量消费者对该消费金融品牌的忠诚度。消费者的品牌忠诚度越高，也就意味着他们越愿意重复购买和使用该品牌的产品、越愿意向他人推荐、越不愿意更换使用其他品牌，即该品牌的感知价值越高（如图 3 - 1 所示）。

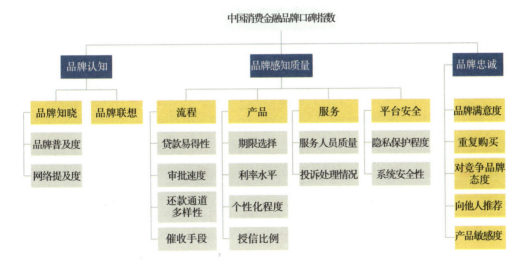

图 3 - 1　中国消费金融品牌口碑指数指标体系（仅包含一、二、三级指标）

二、相关文献和理论基础

本指标体系的建立是以品牌价值理论为基础，选取顾客视角的品牌价值测量方法。一级指标体系的建立基于 Keller（1993）的"基于顾客的品牌资产框架体系"以及 Aaker（1991）的"品牌资产的五维概念模型"，构建了由品牌认知、品牌感知质量以及品牌忠诚构成的三维度指标。二级指标的构建也依据相关文献研究，具体文献回顾与分析如下。

（一）基于顾客视角的品牌价值

对于品牌价值的研究，长久以来都是从企业角度出发，把品牌价值简单地等同于企业无形资产以及由此带来的销售收入和市场占有率的增加（范秀成，2000）。而这种从企业财务数据推算出品牌价值的评估方式，无法提供给企业足够的有用信息，也没有说明品牌价值的真正来源，更为严重的是这些评估方法脱离了顾客基础，忽视了品牌发挥作用的中间过程，无法从中看出顾客对品牌价值的贡献。其原因在于，品牌属于一种长期性的投资，用财务指标等短期数据评价品牌绩效，往往会出现偏差。基于这种评估方式的理论指导，很多企业容易局限于各种短视的市场行为，也容易给消费者造成品牌就是高价格和剥削顾客的印象。

顾客是品牌价值潜在和现实的双重利润的真正源泉，从顾客的角度来评估品牌价值可以反映其真正来源。因此，从帮助品牌进行良好经营的角度来进行品牌价值评估，基于顾客的品牌价值评估相对来说更具指导意义，对品牌的决策也会有更大的现实帮助（徐兴龙，2004）。

一些学者已从顾客的角度对品牌价值理论进行了研究。范秀成等（2000）指出，品牌价值是指品牌给企业带来的未来增量收益，它取决于顾客未来的购买意向和购买行为，而顾客的购买意向和购买行为依赖于企业以往的营销努力所产生的品牌对顾客心理的影响。Achenbaum（1993）认为，使一个品牌与无品牌的同种产品相区别并使该品牌具有净值的是消费者对产品特征、产品功能、品牌名称、名称所代表的意义和使用这一品牌的公司总体感觉与知觉。Gronroos（2000）则认为，品牌价值来源于消费者与品牌接触而形成的品牌关系，在这种关系中包含着消费者对品牌的感知与认可，这种感知与认可是相对于其他的竞争品牌而言的，通过感知与认可的比较而形成品牌价值。

基于这些学者从顾客角度对品牌价值的定义，我们将基于顾客认知的品牌价值界定顾客对品牌的认识、心理感知以及由此引发的购买行为倾向。

（二）一级指标支撑文献

常用的基于顾客的品牌价值评估的理论框架体系是 Keller（1993）的"基于顾客的品牌资产框架体系"，即理论框架体系（Customer – Based Brand Equity，CBBE）。Keller 提出：品牌资产来源于消费者对企业品牌营销活动产生的对品牌认知的不同影响。这其中有三层含义：一是顾客或者说消费者对品牌有着不同的反映，既有正面的，也有负面的；二是顾客的这种反映差别来源于其对品牌的认识和了解；三是这些差异取决于顾客对品牌各个方面的印象和主观判断，包括品牌认知和偏好等。

Aaker（1991）在综合前人研究的基础上，对品牌资产做了专门系统的研究，提出了"品牌资产的五维概念模型"，并在 1996 年将五维模型细化为 10 项具体测评指标：品牌忠诚度（溢价、满意度、忠诚度）、品牌认知度（品质认知、领导性/普及度）、品牌联想度（价值、品牌个性、企业组织联想）、品牌知名度、市场状况（市场价格和销售区域、市场份额）。后人对于品牌价值的评估大多是在这两位学者所建立的指标体系上进行改动的。相关研究结论如表 3 – 1 所示：

表3-1　基于顾客认知的品牌价值测量相关文献总结

文献	CBBE 维度	产品种类
Park 和 Srinivasan（1994）	基于属性品牌资产、非基于品牌属性资产	牙膏、漱口水
Lassar 等（1995）	绩效、社会形象、价值、可信赖忠诚（Attachment）	电视机、手表
Yoo 和 Donthu（2001）	品牌认知、品牌联想、感知的质量、品牌忠诚	运动鞋、电影、彩色电视机
Washburn 和 Plank（2002）	品牌认知、品牌联想、感知的质量、品牌忠诚	薯片、纸巾
De Chernatony 等（2004）	品牌忠诚、满意度、声誉	金融服务
Netemeyer 等（2004）	感知的质量、成本独特的感知价值、支付溢价的愿望	沥青乳胶体、牙膏、运动鞋、牛仔裤
Pappu 等（2005）	品牌认知、品牌联想、感知的质量、品牌忠诚	汽车、电视机
Kocak 等（2007）	产品功能效用、产品象征效用、品牌名称功能效用、品牌名称象征效用	运动鞋
Buil 等（2008）	品牌认知、感知的质量、品牌忠诚、品牌联想（感知的价值、品牌个性、组织联想）	软饮料、运动衫、电子元器件、汽车
Shankar 等（2008）	价值提供、相关品牌重要性	保险
French 等（2013）	情感联系、在线体验、反映服务性质、信任、满足感	电子零售

基于对现有相关文献的分析，我们最终选择了以下三个一级指标：

1. 品牌认知

指潜在消费者从特定产品系列中识别或回忆某一品牌时心中的直观感受。虽然品牌认知是较浅层次的品牌价值衡量指标，但它是顾客产生品牌偏好和品牌忠诚的基础（欧阳洁，2003），因而是很多学者衡量顾客认知的品牌价值的重要维度。

2. 品牌感知质量

并非基于客观事实，而是消费者基于价格、价值等多方面因素的主观态度和判断（Zeithamlt，1988），且感知质量对消费者的购买决策有重要的影响（Parasuraman，Zeithaml & Berry，1988）。

3. 品牌忠诚

消费者对自身偏爱的品牌所坚持恪守的承诺，旨在抗拒导致品牌转换行为发生的情景影响和营销效应（Oliver，1999）。它可以产生显著的营销优势，包括降低营销成本，增大贸易杠杆（Aaker，1991）；同时也可以获得更大利润。因此，品牌忠诚被很多学者列入对品牌价值的考量之中（Aaker & Joachimsthaler，2000；Ambler，2000；Rust，Zeithaml & Lemon，2000；Blackston，1992）。

（三）二级指标支撑文献

1. 品牌认知

依据关联网络记忆模型，品牌认知（Brand Knowledge）是由消费者记忆中的品牌节点和与其相关的联想链环组成，正如一个由许多节点连接的网络一样，品牌名称是该记忆网络上的一个节点，并有各种不同类型其他品牌联想节点与之联结，品牌认知是不同类型和强度的联想节点相互作用而形成的对某一品牌有关的个人化的理解和信息。这种信息既可以是描述性的，也可以是评价性的（Keller，2003）。消费者依据品牌认知对企业营销活动所做出的反应就形成了品牌资产（Keller，1993）。

Keller（1993）认为，品牌认知包括品牌知晓（Brand Awareness）和品牌联想（Brand Association）两个维度。一方面，是品牌名字节点与其他品牌联想节点被激活的能量强度，即品牌知晓；另一方面，是品牌联想节点的内容及相互作用形成对品牌的看法和态度，即品牌联想。

总体来说，品牌认知是消费者对特定品牌的认知内容，主要包括品牌知晓和品牌联想（属性和利益、企业形象、品牌个性等）维度，这些认知以从具体到抽象的关联网络记忆模型的结构形式存储于人们大脑之中。

（1）品牌知晓（Brand Awareness）。即品牌知名度，是知道某品牌的消费者占所有消费者对象的比例，在这个概念里，消费者对品牌的知晓仅有"有"或"无"之分，没有程度之别。它既包括消费者对某产品品牌名称的再认或回忆的能力，还包括对代表产品或与产品有关的术语、符号、图案等识别的再认或回忆的能力。

在测量中，Keller（1993）将品牌知晓分为品牌回想率（Brand Recall）和品牌重认率（Brand Recognition）。在该指数中，我们选取品牌重认率进行测量，即有提示下的品牌回想率（Aided Awareness）。当给出特定产品种类的一系列品牌名称，要求被调查者说出他们以前听说过哪些品牌时，那些被说出来的品牌就具有品牌知晓。

另外，王海忠（2006）利用焦点组访谈的方式，获取了国内消费者对品牌认知的维度，描绘出"中国消费者的品牌知识结构图"。他指出，品牌知名度可以有广告、宣传和轰动事件三个方面。因此，在指标体系中也加入了"网络提及度"这一指标作为品牌知晓的测量。

（2）品牌联想（Brand Association）。是记忆中与品牌节点相关联的其他不同类型的积极的或者消极的联想节点，这些联想节点相互作用就形成对品牌的整体看法和态度。通俗地说，品牌联想就是消费者看到、听到或想到某一品牌时，会自然而然地想到另外的信息，这些信息可能是品牌本身的有关信息（如品牌知觉、经验、评价、定位等），也可能是品牌以外的信息（如情景、个性、人物、时空等），这些信息均来自消费者日常生活中的各个层面。品牌联想是一种基于顾客的品牌资产，是品牌资产的重要组成部分，因此，建立强有力的品牌联想也是提升品牌资产的有效途径。

Aaker（1996）认为，品牌联想可以划分为知觉价值（Perceived Value）、品牌个性（Personality）、组织联想（Organization）以及差异程度（Differentiation）四个维度。其中，与竞争品牌差异程度的测量与品牌个性有重合部分，因此，我们选择前三个维度作为品牌联想的下一级指标进行测量。

2. 品牌感知质量

根据表3－2汇总文献，结合消费金融产品特征和服务特性，我们选定流程、产品、服务以及平台安全四个维度对消费者的品牌感知质量进行测量（如表3－2所示）。

表3－2　感知质量测量维度相关文献总结

文献	感知质量测量维度汇总	维度适用范围
Garvin（1987）	产品特性、特征、可靠性、一致性、耐用性、服务性、审美性和产品或品牌形象	有形产品
Zeithaml（1988）	易于适用性、多功能性、耐用性、服务能力、性能、声誉	有形产品
Dodds 等（1991）	可信性、工艺水平、整体质量、可靠性、耐用性	有形产品
Lehtinen（1991）	物质质量、相互作用质量、公司质量	服务
Parasuraman 等（1993）	可靠性、移情性、保证性、响应性、有形性	服务
Gronroos（1994）	技术质量、功能质量	服务
Zeithaml 等（2000）	效率、实行、可靠性、隐私	电子服务
Wolffinbarger 和 Gilly（2002）	可靠性/实行、网站设计、安全/隐私和客户服务	电子服务

3. 品牌忠诚

忠诚度测量的方式主要可以分为两类：行为测量和态度测量。行为测量关注消费者已经发生的购买行为，多以概率模型的形式出现。但是这种测量方法只是根据是否购买，将品牌忠诚度简单地分为忠诚和不忠诚，无法区分购买行为是习惯、情境还是复杂的心理原因造成的。态度测量关注的则是消费者的购买意向和态度偏好，并将之看作是重复购买的动机，这种测量方式多采用量表形式，将品牌忠诚当作一个连续尺度。本指标体系所用的测量方法就是态度测量。

对于品牌忠诚度的测量，虽然国内外学者使用的方法不尽相同，但是通常使用的量化消费者品牌忠诚度的变量包括：

（1）重复购买率。在一定时期内，顾客对某一品牌产品重复购买的频率越高，说明对这一产品的忠诚度越高，相反则越低。

（2）顾客对价格的敏感程度。消费者对于不同产品的价格敏感度都是不同的，对于喜欢和偏好的产品，消费者对其价格变动的适应能力强，即敏感度低，忠诚度高；相反，则敏感度高。而对于自己不偏好的产品，则适应能力弱，敏感度高，忠诚度低。

（3）转移效用和转移成本。已经对某品牌具有忠诚度的消费者，在转换品牌时，会发生"转移成本"，如学习成本、交易成本等。而当消费者的偏好转移到另一个品牌后，也会产生一定程度的满足，这就是"转移效用"。转移成本越高，转移效用越低，则品牌忠诚度越高；反之，转移成本越低，转移效用越高，则品牌忠诚度越低。

（4）消费者传播该品牌的次数和规模。对于一些耐用消费品，如汽车、家具等，由于重复购买次数有限，品牌忠诚度并不表现在重复购买上，而是表现在消费者对传播该品牌的次数和规模上。次数越多，规模越大，说明消费者对该品牌的认可度越高，品牌忠诚度就越高；反之，则品牌忠诚度越低。

综上所述，我们通过使用品牌满意度、消费者重复购买意愿、向他人推荐的意愿、消费者对竞争品牌的态度以及不同情况下消费者是否会选择更换其他产品这五项指标，来测量消费者对消费金融品牌的忠诚度。

第四章 研究方法论

一、指数研究方案

（一）研究对象

本指数的研究重点是对中国消费金融公司的品牌口碑进行深入量化与分析。首先通过大量查阅新闻资料、行业研究报告，并邀请来自北京大学、中央财经大学等的 10 位高校学者和 4 位业内专家进行访谈，根据专家团勾选出的 100 余家品牌作为基础，以品牌认知情况为主要参考指标，进行针对消费者的品牌预调研，筛选出 2018 年消费者使用人数排名前 30 位的品牌作为本次指数研究的研究对象，样本覆盖达到 90% 以上。其中 17 家和 2016 年一致，13 家新上榜（红色字体表示）。具体研究对象列表如表 4－1 所示。

表 4－1 研究对象列表

持牌系	电商系	银行系
中银消费金融	蚂蚁花呗	中国工商银行融 e 购（新上榜）

续表

持牌系	电商系	银行系
兴业消费金融	京东白条	招商银行掌上生活（新上榜）
上海尚诚消费金融	唯品花（新上榜）	中国建设银行善融商务（新上榜）
湖北消费金融	国美金融	中国农业银行 e 天街（新上榜）
海尔消费金融		广发银行网上商城（新上榜）
苏宁消费金融		
互金系		
拍拍贷	宜人贷（新上榜）	滴水贷（新上榜）
途牛—牛客贷/首付出发	微粒贷（新上榜）	爱钱进（新上榜）
58 月付	趣店	陆金服（新上榜）
平安普惠消费金融	玖富（新上榜）	人人分期
百度有钱	分期乐	易分期（新上榜）

（二）数据来源

本次指数在编制过程中的两个数据源分别来自：消费金融使用者在线调研、全网抓取数据。融合方法对不同源数据赋予不同权重进行分析，如图 4-1 所示。

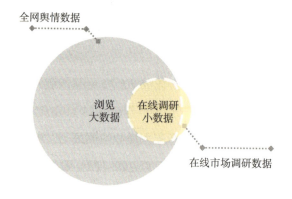

图 4-1　大小数据融合

1. 在线调研

调研数据反映普通消费者心中不同消费金融品牌的口碑形象，对大数据无法探查的层面进行小数据的补充研究。通过百分点和中央财经大学联合在线调查的方式，了解并收集在 2018 年中消费者所使用过的消费金融品牌口碑评价。最后获得 1518 份有效问卷，样本覆盖除台湾、西藏以外的中国各省份，经统计，样本的人口统计背景符合我国网民的背景情况。

（1）用法。调研问卷将涵盖全部指标，从用户对品牌的认知、体验的感知质量及最后的忠诚度进行测量，并将这些受访者设定为目标人群，收集他们的用户 ID 待匹配。

（2）优势。我们的在线调研供应商拥有超过 318 万具有代表性的 Panel、200 多项会员属性，并会进行严格质量控制。调研用户 ID 与百分点用户标识打通，可在百分点数据库中找到受访者的在线浏览、购买等行为。

（3）数据保障。首先在调研前期针对定量问卷进行逻辑复查，问卷无误后提交市调供应商编写访问程序并再次复查逻辑跳转等问题，确认无误后开始进行抽样框和配额设置并进行试调研，通过筛查被访者 IP 与地址匹配、移除多次注册、机器注册识别等最终甄选出合格的被访者。在调研过程中，通过电脑去重、被访者条件核查、人口属性匹配、答题时长检测、直线题检测、陷阱题设置等保障调研中期的质量。最后，当调研结束，我们会进行逻辑检查，保证数据完整性和准确性。

以下是本次研究的样本分布情况：

2018 年，消费者使用人数排名前 30 位的消费金融品牌中互金系品牌占据半壁江山，电商系、银行系和持牌系则分布相对均衡，除蚂蚁花呗和京东白条使用人数较多之外，其他消费金融品牌相差不大，其中电商系消费金融品牌样本占比 21.40%，银行系占比 18.47%，持牌系占比 17.23%，互金系占比 42.90%。具体的各品牌样本量占比如图 4 - 2 所示。

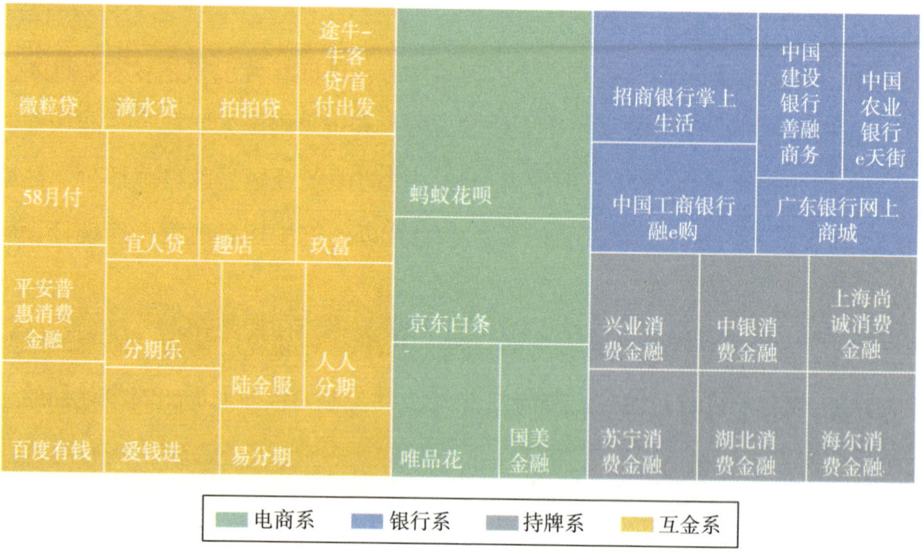

图4-2　研究样本分布

　　本次调研覆盖了除台湾和西藏以外的中国其他省（市区），其中华东①地区占比最大，达35.3%，东北和西北地区受访者较少。各省市的城市县域、农村均有涉及，受访者主要集中在城市，二线城市的样本居多。年龄分布基本在18周岁以上，60周岁以下，25~34岁的受访者占58.0%，18~24岁也占到30.4%，反映了消费金融使用者年轻的特点，而50岁以上的受访者数量较少，在消费者行为分析时不予考虑；受访者职业范围广，包括企业普通员工、企业案例人员、个体户、学生等，其中企业中层管理占比达22.3%，企业普通职员占到19.8%，消费金融使用者中企业员工居多；受访者大多属于中等收入水平，月收入集中在5000~10000元。具体样本统计情况如图4-3、表4-2~表4-5所示。

---

　　① 华东地区：北京、天津、河北、山西、内蒙古；东北地区：辽宁、吉林、黑龙江；华东地区：上海、江苏、浙江、安徽、福建、江西、山东；华中地区：河南、湖北、湖南；华南地区：广东、广西、海南；西南地区：重庆、四川、贵州、云南、西藏；西北地区：陕西、甘肃、青海、宁夏、新疆。

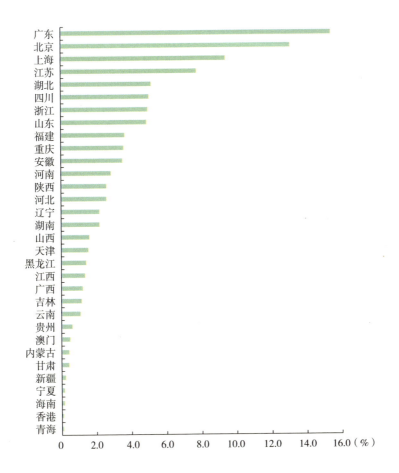

图4-3 消费金融使用者覆盖省（市区）占比

表4-2 消费金融使用者地方分布占比

地方分布	样本占比（%）
城市	76.1
县域	11.8
农村	12.1

表4-3 消费金融使用者城市级别占比

城市级别	样本占比（%）
一线城市	34.6
二线城市	40.4
三线城市	25.0

表4-4　消费金融使用者年龄分布占比

年龄	样本占比（%）
18~24岁	30.4
25~34岁	58.0
35~49岁	10.9
50岁以上	0.7

表4-5　消费金融使用者职业及收入分布占比

职业	样本占比（%）
企业中层管理人员（部门经理/科级/主管级）	22.3
企业普通职员	19.8
事业单位/公务员/政府工作人员	9.2
专业人员（教师/医生/律师等）	8.4
学生	7.4
个体户	6.5
私营企业主	6.3
自由职业者（作家/艺术家/摄影师/导游等）	4.7
企业高层管理人员（副总经理、厂长以上）	4.0
家庭主妇	2.5
服务业人员（餐饮服务员/司机/售货员等）	1.8
从事农林牧渔业的劳动者	1.5
工人	1.2
收入	样本占比（%）
3000元以下	10.7
3000~5000元	17.0
5000~10000元	43.5
10000~20000元	22.3
20000元以上	6.5

2. 网络舆情数据

我们通过在微博、论坛、贴吧等消费者倾向于发表主观评论感受的公开网络平台中采集并处理评论文本数据，采集量为 2017 年全年消费金融使用者对于各消费金融品牌的评论数据共计 190556 条。

（1）用法。

1）提取多文本的摘要，抓取关键内容及标签研究金融品牌的讨论声量，可以将其融入品牌认知一级指标；

2）深度剖析用户评价及喜好，从多个维度分析消费金融品牌的市场评价，为企业升级优化产品、改善服务质量提供数据支持服务，可以融入品牌感知质量一级指标；

3）利用先进深度学习技术，得出特定评论文本在金融领域的正负情感分值，可以融入品牌忠诚度一级指标。

（2）优势。百分点已覆盖 16000 余家资讯站点，近 4000 家论坛社区，以及主流微博、微信公众号，通过成熟的文本规则引擎，实现对信息内容的精准挖掘，提取与用户相关的价值信息。

（3）数据保障。抓取文本数据的保障在于先进的深度学习技术，同时使用大量的人工标注的语料作为训练集，通过提取文本特征，构建分类器来实现情感的分类。

（三）权重计算方法

1. AHP 层次分析法

AHP 层次分析法是一种定性和定量分析相结合的系统分析方法，它将无结构复杂系统结构化，层次内两两比较和层次间权重解决了多因素、主观判断的不可公度问题，实现定性和定量相结合，在一定程度上通过一致性检验解决主观判断的可靠性问题，提高主观决策过程的科学性，是分析多目标、多因素、多准则复杂大系统的有力工具。

具体来说，层次分析法的计算过程如下：

（1）构建判断矩阵。对于每一级指标的所有下级指标 x_k，构建两两比较的判断矩阵 A。其相对重要性用 1~5 来表示，从而为判断矩阵的元素赋值 a_{ij}。a_{ij} 表示相对 x_j 的重要程度。

$$A = \begin{bmatrix} a_{11} & a_{12} & \cdots & a_{1n} \\ a_{21} & a_{22} & \cdots & a_{2n} \\ \vdots & \vdots & \ddots & \vdots \\ a_{n1} & a_{n1} & \cdots & a_{nn} \end{bmatrix} \qquad (4-1)$$

判断矩阵具有以下性质：$a_{ij} > 0, a_{ji} = \dfrac{1}{a_{ij}}, a_{ii} = 1$。

（2）计算判断矩阵最大特征值及其对应特征向量。计算判断矩阵 A 最大特征根 λ_{max}，及其对应的特征向量，并将其归一化得到 $w = (w_1, w_2, \cdots, w_n)^T$，

$$AW = \lambda_{max} W \qquad (4-2)$$

由此得到的特征向量 W 即为相应指标的权重向量如表 4-6 所示。

表 4-6 判断矩阵标度含义

标度	定义及说明
1	两个元素有同样重要性
2	两元素比较，一元素比另一元素稍微重要
3	两元素比较，一元素比另一元素明显重要
4	两元素比较，一元素比另一元素极其重要
5	两元素比较，一元素比另一元素强烈重要

本指数研究团队设计权重问卷，根据专家团的访谈结果分别计算出各专家打分下的指标权重，进行平均以确定最终权重。

（3）一致性检验。在判断矩阵 A 中，当 $\alpha_{ik} = \dfrac{a_{ij}}{a_{jk}}$ 时，称判断矩阵为一致性矩阵。

在进行一致性检验时，首先计算一致性指标

$$CI = \frac{\lambda_{max} - n}{n - 1} \tag{4-3}$$

由公式（4-3）中 n 为判断矩阵阶数。再计算平均随机一致性指标 RI，RI 是多次重复进行随机判断矩阵特征值的计算后取算术平均数得到的，表 4-7 给出 1~12 维矩阵重复计算 1000 次的平均随机一致性指标：

表 4-7　随机一致性指标

维数	1	2	3	4	5	6	7	8	9	10	11	12
RI	0	0	0.52	0.89	1.12	1.26	1.36	1.41	1.46	1.49	1.52	1.54

最后计算出一致性比例 $CR = CI/RI$，当 $CR < 0.1$ 时，一般认为判断矩阵的一致性是可以接受的。否则需要调整判断矩阵。

另外，在进行大小数据融合时，为确定同一指标不同数据来源的重要程度，我们根据专家访谈的结果来构造判断矩阵，使用 AHP 方法最终确定融合时的不同数据来源的权重。

2. 客观方法验证权重

为避免 AHP 结果过于主观导致偏差，我们同时采用熵权法和线性回归两种客观赋权重的方法来进行验证。

（1）熵权法是一种客观赋权方法。在具体使用过程中，熵权法根据各指标的变异程度，利用信息熵计算出各指标的熵权，再通过熵权对各指标的权重进行修正，从而得出较为客观的指标权重。计算过程如下：

1）计算第 j 个指标下第 i 个品牌的指标值的比重 p_{ij}：

$$p_{ij} = x_{ij} / \sum_{i=1}^{m} x_{ij} \tag{4-4}$$

其中，x_{ij} 表示为第 i 个品牌在第 j 项指标上的数据。

2）计算第 j 个指标的熵值 e_j：

$$e_j = -\frac{1}{\ln m} \times \sum_{j=1}^{m} p_{ij} \times \ln p_{ij} \qquad (4-5)$$

3）计算第 j 个指标的熵权 τ_j：

$$\tau_j = (1 - e_j) / \sum_{j=1}^{n} (1 - e_j) \qquad (4-6)$$

（2）在线性回归法中，我们将收集的三、四级指标共 38 个变量，与问卷中收集的品牌总价值得分进行回归，得到的回归系数作为权重。因为回归的指标较多，多重共线性严重，所以我们仅将回归结果作为参考权重。在熵权法和 AHP 进行抉择的过程中，将这两者的结果与回归的结果进行比较。在对比时发现，AHP 层次分析法比熵权法更接近回归结果。体现在以下几点：

1）一级指标方面，由回归法和 AHP 层次分析法得出的感知质量权重均高于50%，在品牌认知上权重较低，但熵权法在品牌认知上权重过高。

2）感知质量的二级指标方面，回归法和 AHP 层次分析法得出的权重在"产品"方面相近，而熵权法产生的产品指标权重则过低。

3）品牌忠诚的二级指标方面，回归法和 AHP 层次分析法得出的权重较为接近，熵权法中敏感度指标权重过高。

基于以上原因，我们再次邀请专家讨论，最终决定使用 AHP 层次分析法的结果作为指标权重，后续指数计算基于此权重。

（四）指数计算方法

1. 指标无量纲化

因为数据来源广泛，必须将性质和计量单位不同的指标进行无量纲化处理，以便指标间的对比和融合。无量纲化，又称数据的标准化、规格化，是将不同单位的数据运用数学方法转化为没有单位可以直接对比的数据的过程。无量纲化处理方法主要有离差标准化、均值化以及标准差化方法等，为避免指数计算中出现负数，我们采用离差标准化对数据进行无量纲化处理。

为了解决不同性质数据融合的问题，我们将指标分为两类，正指标与逆指标：正向指标即数据越大，口碑指数越高的指标，而逆指标与之相反。

对于正指标，转换函数为：

$$x_{ij}^* = \frac{x_{ij} - \min(x_j)}{\max(x_i) - \min(x_j)} \times 100 \qquad (4-7)$$

对于逆指标，转换函数为：

$$x_{ij}^* = \frac{\max(x_j) - x_{ij}}{\max(x_j) - \min(x_j)} \times 100 \qquad (4-8)$$

经过离差标准化后，各种变量的观察值被转化为没有单位的纯数量，且数值范围都将在［0，100］之间。x_{ij}^* 得分越高，就说明该品牌在相应指标上表现得越好。

2. 指数合成方法

在进行多指标融合时，需要将对事物不同方面的评价值用一定的算式综合起来，从而得到总体的评价。本指数采取加权平均的合成方法，其公式如式（4-9）所示：

$$x_i = \sum_{k=1}^{n} w_j x_{ij}^* \qquad (4-9)$$

其中，x_i 表示第 i 个品牌的口碑指数，w_j 表示归一化后各指标的权重，n 为指标的总个数。在具体合成指标时是由下往上逐层计算而成，先计算第四级指标再加权汇总为三级指标，以此类推。我们也可以根据相应指标上各品牌的表现，来确定不同方面消费金融各品牌的排名情况。

二、中国消费金融口碑指数研究过程

此次研究在"2017 年中国消费金融口碑指数研究"基础上优化后展开，过程主要包含消费金融行业调研、研究对象确定、数据收集与计算、指数解读与问卷结果分析四个步骤。

第一步，消费金融行业调研。为紧密结合行业动态深化研究内容，我们首先进行行业调研，包括行业环境调研和企业发展状况调研两部分。前者包括国家相关政策和市场发展状况两部分，内容详见报告第二章；后者重点关注 2018 年消费金融行业企业增减情况、市场表现状况及典型企业变动原因，内容详见报告第五章。

第二步，研究对象确定。消费金融行业正当快速发展期，一年间不乏众多企业新增与消退现象，且市场表现各异，因此，为保证研究具有充足的市场价值与参考意义，我们再次综合专家、消费者意见和品牌市场状况，更新了指数研究对象。

第三步，数据收集与计算。基于更新后的指数研究对象和改进后的研究设计，通过消费金融使用者问卷调研、网络舆情数据、百分点媒体浏览数据三条渠道收集到研究数据，并按拟定方法论进行计算。

第四步，指数解读与问卷结果分析。根据指标体系设置和指数编制方法，对确定好的研究对象即各品牌编制"中国消费金融品牌口碑指数"以及消费金融品牌认知指数、品牌感知指数、品牌忠诚指数三个分项指数进行详细分析，同时结合 2016 年的结果，展开品牌排名变化的对比分析，也对新上榜及遗憾掉榜的品牌进行了说明。

对问卷数据引入不同维度的交叉分析，深入洞察消费品牌、消费人群、消费场景与各细化指标的内在关联。关于消费品牌，分析不同品牌的品牌普及度、贷款易得性等指标表现，详细了解不同品牌的认知、感知和忠诚的差异性。而消费人群，我们则关注不同消费群体的使用消费金融的基本情况、使用品牌的不同偏好、对品牌各环节的满意度，以揭示不同消费群体的消费特点。在消费场景方面，我们调研各场景的使用情况、口碑得分及场景细化指标表现，探究不同消费场景的优势。

第五章　中国消费金融品牌
口碑指数解读

根据"中国消费金融品牌口碑指数"指标体系以及指数编制方法，首先，我们对 30 家主要消费金融品牌进行计算，得到各品牌的口碑综合指数和口碑分项指数——品牌认知指数、品牌感知质量指数和品牌忠诚指数；其次，还有流程、产品、服务、平台安全等评价感知质量方面的细分指数，以及重复购买、向他人推荐等评价品牌忠诚的细分指数；最后，我们对比《中国消费金融口碑指数研究（2016）》和《中国消费金融口碑指数研究（2017）》，分析品牌口碑指数的变化。以下内容是 2018 年中国消费金融品牌口碑指数的分析。

一、中国消费金融品牌口碑综合指数分析

（一）综合指数分析

如表 5 - 1、图 5 - 1 所示，蚂蚁花呗、京东白条和中国工商银行融 e 购优势明显，在消费金融品牌口碑中处于领先地位，位于 60 分以上；同时国美金融、

中国建设银行善融商务、平安普惠消费金融和湖北消费金融也位于 55 分位以上，品牌发展势头良好；微粒贷、宜人贷、招商银行掌上生活、海尔消费金融等 15 个消费金融品牌口碑综合指数得分介于 48～55 分位，是消费金融品牌中的"潜力股"；而玖富、上海尚诚消费金融、兴业消费金融等 8 个品牌口碑综合指数排名得分位于 48 分位以下，存在较大的提升空间。此外，除排名前三的品牌之外，其余消费金融品牌的口碑综合指数得分差距较小，彼此之间竞争较为激烈。

表 5-1　2018 年中国消费金融口碑指数排名及变化

排名	品牌名称	口碑指数	2018 年/2017 年排名变动	2017 年/2016 年排名变动
1	蚂蚁花呗	73.2	0	0
2	京东白条	63.0	0	2 ↑
3	中国工商银行融 e 购	60.9	新上榜	
4	国美金融	57.5	0	9 ↑
5	中国建设银行善融商务	56.6	新上榜	
6	平安普惠消费金融	56.3	7 ↑	9 ↑
7	湖北消费金融	55.5	14 ↑	新上榜
8	微粒贷	55.0	新上榜	
9	宜人贷	54.3	新上榜	
10	招商银行掌上生活	53.9	新上榜	
11	中国农业银行 e 天街	52.5	新上榜	
12	海尔消费金融	51.3	13 ↑	-8 ↓

续表

排名	品牌名称	口碑指数	2018 年/2017 年排名变动	2017 年/2016 年排名变动
13	中银消费金融	51.0	−7 ↓	0
14	苏宁消费金融	50.8	−11 ↓	0
15	途牛—牛客贷/首付出发	50.5	−4 ↓	−2 ↓
16	人人分期	50.2	−7 ↓	新上榜
17	爱钱进	50.0	新上榜	
18	百度有钱	50.0	−11 ↓	0
19	广发银行网上商城	49.9	新上榜	
20	易分期	49.5	再上榜	跌出榜单
21	陆金服	49.3	新上榜	
22	分期乐	49.1	−8 ↓	6 ↑
23	玖富	48.2	新上榜	
24	上海尚诚消费金融	47.9	−5 ↓	新上榜
25	兴业消费金融	47.7	−13 ↓	−7 ↓
26	滴水贷	47.5	新上榜	
27	趣店	47.3	−10 ↓	13 ↑

续表

排名	品牌名称	口碑指数	2018 年/2017 年排名变动	2017 年/2016 年排名变动
28	唯品花	47.3	新上榜	
29	拍拍贷	46.4	−24 ↓	19 ↑
30	58 月付	45.9	−14 ↓	新上榜

在电商系品牌中，除唯品花之外，蚂蚁花呗、京东白条和国美金融排名均靠前，表现较好。蚂蚁花呗和国美金融的品牌认知、品牌感知质量和品牌忠诚三个一级指标得分均在平均线以上，而京东白条只有品牌认知和品牌忠诚的得分在平均线以上。结合细分指数可以发现，京东白条在还款服务、催收手段、产品期限选择、平台安全方面的满意度较低，低于总体平均水平，但在贷款易得性、审批速度、个性化程度、服务人员质量、投诉受理和隐私保护方面的满意度较高，均在平均水平以上。虽然成立时间不到一年的唯品花综合排名靠近 30，但品牌认知得分接近平均水平，发展潜力较大。

持牌系品牌共有 6 个消费金融品牌上榜，其中湖北消费金融表现最为突出，海尔消费金融、中银消费金融和苏宁消费金融居中，上海尚诚消费金融和兴业消费金融相对来说稍显落后。湖北消费金融除了品牌认知之外，品牌感知质量和品牌忠诚的得分均排名第一。而中银消费金融的品牌认知得分超出平均水平，品牌感知质量和品牌忠诚得分较低，均低于平均水平。兴业消费金融在品牌认知、感知质量、忠诚度三个一级指标得分均排在平均线以下，但其细分指标产品期限选择、授信比例、服务人员质量的满意度较高，均在平均水平以上。

在银行系品牌中，中国工商银行融 e 购和中国建设银行善融商务综合指数得分排名第三和第五，招商银行掌上生活、中国农业银行 e 天街和广发银行网上商城得分也均位于 48 分位以上，从整体看来，银行系品牌表现较好。中国工商银行融 e

购三个一级指标得分均排名前列，消费者对其采取催收手段、隐私保护和平台安全满意度较高，同时也比较愿意重复使用和向他人推荐此品牌，对品牌忠诚度较高。

互金系品牌在消费金融口碑 TOP30 排行榜中占据半壁江山，但系别内的品牌之间综合指数得分差距较大，平安普惠消费金融、微粒贷和宜人贷排名在前十以内，途牛、人人分期、爱钱进和百度有钱等 7 个品牌表现居中，玖富、滴水贷、趣店、拍拍贷和 58 月付排名较为靠后。平安普惠消费金融的品牌感知质量和品牌忠诚得分较高，在品牌感知质量具体细分指标上，除个性化程度之外，其余细分指标的满意度均高于总体平均水平，表现优异，同时消费者对其整体满意度较高，向他人推荐意愿也较强。人人分期品牌感知质量得分较高，高于总体平均水平，消费者对其产品期限选择、授信比例、服务人员质量、投诉受理和平台安全满意度较高。58 月付品牌忠诚得分高于平均水平，消费者比较愿意重复使用此品牌，对品牌忠诚度较高。

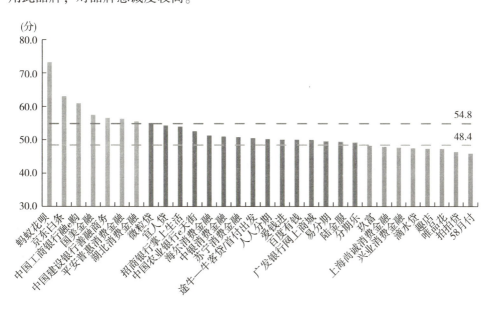

图 5 – 1　消费金融品牌口碑综合指数得分

注：图中上下两条虚线分别是综合指数得分的上下四分位数。

（二）综合排名变化

如表 5 - 1 所示，与 2017 年相比，2018 年中国消费金融口碑指数排名变动较大，共新上榜了 13 个品牌，而 2017 年在榜品牌中有 3 个排名保持不变，3 个品牌的排名有较大幅度上升，11 个品牌的排名则出现了不同幅度的下降。

蚂蚁花呗和京东白条两大电商巨头发展势头仍然迅猛，排名与 2017 年一样保持在前两名，尤其是蚂蚁花呗，连续三年蝉联消费金融口碑综合指数 TOP1，指数得分也与其他品牌相差较大，具有较大的领先优势。2017 年国美金融进步较大，2018 年排名未变，品牌发展较为稳定良好。

2018 年，平安普惠消费金融、湖北消费金融和海尔消费金融进步较大，排名都有大幅度上升。平安普惠消费金融连续两年排名上升，湖北消费金融作为 2017 年新上榜的品牌，2018 年排名上升幅度最大，上升了 14 名，而海尔消费金融在 2017 年排名下降 8 名之后又在 2018 年上升 13 名，排名变动大。

在 11 个排名下降的消费金融品牌中，拍拍贷、58 月付、兴业消费金融、苏宁消费金融和百度有钱这 5 个品牌的 2018 年的排名下降较多，下降的幅度均超过 10 名，而在这 5 个品牌中，除兴业消费金融之外，其余 4 个品牌在 2017 年表现均还不错，排名或保持不变或上升。另外，中银消费金融、途牛—牛客贷/首付出发、人人分期、分期乐、上海尚诚消费金融和趣店这 6 个品牌的排名下降幅度相对来说较小。

在新上榜品牌中，中国工商银行融 e 购和中国建设银行善融商务表现十分突出，口碑指数综合得分分别位居第三和第五；微粒贷、宜人贷、招商银行掌上生活和中国农业银行 e 天街和爱钱进排名也较为靠前，广发银行网上商城、易分期、陆金服等 6 个品牌相对来说排名略微靠后，其中易分期比较特别，该品牌在 2017 年跌出榜单后 2018 年又重回榜单。

从不同系别消费金融品牌来看，电商系蚂蚁花呗、京东白条和国美金融排名相比 2017 年保持不变，仍在前五名以内，在消费金融品牌口碑中保持着领先地位，唯品花也光荣上榜，电商系品牌总体来看表现优异；银行系品牌作为 2018 年新上榜的品牌，其 80% 的品牌排名在前 15 名内，总体表现在行业平均水平之上，实力不容小觑；持牌系消费金融品牌 2018 年整体表现不如 2017 年，只有 6 个持牌系品牌继续留在榜单，且除湖北消费金融和海尔消费金融之外，其余 5 个品牌的排名相较 2017 年均有下降；互金系消费金融品牌之间表现相差较大，呈现两极分化，2017 年在榜的 7 个互金系品牌排名均有下降，而新上榜的 8 个互金系品牌中则有 2 个排名前十以内。

二、中国消费金融品牌口碑分项指数分析

（一）品牌认知指数

1. 品牌认知指数分析

品牌认知指数反映消费者对于各消费金融品牌的认知情况。各品牌的品牌认知指数分析如图 5 – 2 所示，从中可以发现：

（1）电商系品牌蚂蚁花呗和京东白条的品牌认知指数明显领先，两者在消费者群体中有较广泛的认知，国美金融认知指数得分高于平均水平，电商系新上榜品牌唯品花的品牌认知指数得分接近平均水平，四个电商系品牌的品牌认知整体看来表现不错。电商系消费金融品牌借助自身的电子商务平台，通过消费者在电商平台浏览商品、选购商品，不断推广自身消费金融产品，因而能迅速在消费者中建立认知度。

（2）持牌系品牌中中银消费金融的品牌认知得分排名第六，消费者对其的品牌认知度较高，苏宁消费金融品牌认知得分稍高于平均水平，而海尔消费金融、兴业消费金融、上海尚诚消费金融和湖北消费金融的品牌认知得分落后于平

均水平，特别是湖北消费金融，其品牌普及度和网络提及度都偏低。总的来看，持牌系消费金融品牌需要加强品牌的宣传和推广。

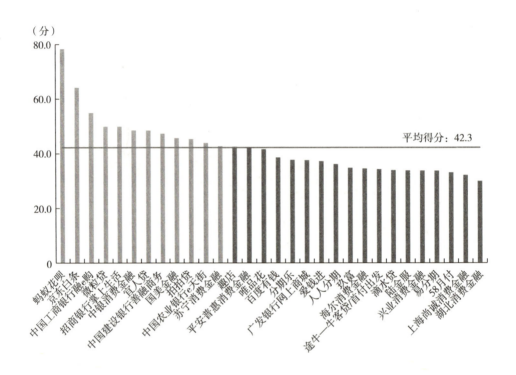

图 5-2　消费金融品牌认知指数得分

（3）银行系品牌除了广发银行网上商城之外，其余四个品牌的品牌认知得分均高于平均水平，排名靠前。银行系消费金融品牌依托于银行的知名度，在银行用户中不断宣传，加深用户对银行消费金融品牌的认知，其品牌普及度较高。

（4）互金系品牌的认知指数排名则较为分散，其中微粒贷、宜人贷和拍拍贷的品牌认知指数排名靠前，高于平均水平，趣店、平安普惠消费金融和唯品花的品牌认知得分与平均得分较为接近，其余九个品牌的品牌认知都明显低于平均水平。其中微粒贷是腾讯微众银行面向微信用户和手机 QQ 用户推出的小额消费信贷产品，在微信和 QQ 两大社交平台上迅速传播推广，品牌知名度不断攀升。

2. 品牌认知指数排名变化

如表 5 - 2 所示，蚂蚁花呗和京东白条依据电商背景发展起步早，无论是在行业中还是消费者心中的认知度都较高，加上较高的网络提及度，它们连续三年在品牌认知指数排名中蝉联第一和第二。

相比 2017 年，趣店和中银消费金融的品牌认知指数排名在 2018 年有所上升。由于趣店 2018 年在网络上的提及度较高，所以该品牌的品牌认知指数排名继 2017 年下降 4 名后在 2018 年上升 7 名。而中银消费金融的品牌认知指数排名连续两年小幅上升，消费者对该品牌的认知度在逐渐增加。

2017 年在榜品牌中有 13 个品牌的认知指数排名均出现了不同幅度的下降，其中兴业消费金融、途牛—牛客贷/首付出发、百度有钱的品牌认知指数排名分别下降了 12 名、11 名和 10 名，这与 2018 年消费金融行业监管加强，消费金融市场整体活跃度下降有关。

表 5 - 2　2018 年中国消费金融品牌认知指数排名及变化

排名	品牌名称	品牌认知得分	2018 年/2017 年排名变动	2017 年/2016 年排名变动
1	蚂蚁花呗	78.3	0	0
2	京东白条	64.3	0	0
3	中国工商银行融 e 购	54.9	新上榜	
4	微粒贷	50.0	新上榜	
5	招商银行掌上生活	49.9	新上榜	
6	中银消费金融	48.6	↑1	↑1

续表

排名	品牌名称	品牌认知得分	2018 年/2017 年排名变动	2017 年/2016 年排名变动
7	宜人贷	48.5	新上榜	
8	中国建设银行善融商务	47.4	新上榜	
9	国美金融	45.7	−1 ↓	2 ↑
10	拍拍贷	45.4	−5 ↓	1
11	中国农业银行 e 天街	44.0	新上榜	
12	苏宁消费金融	42.7	−9 ↓	0
13	趣店	42.6	7 ↑	−4 ↓
14	平安普惠消费金融	42.3	−10 ↓	7 ↑
15	唯品花	41.7	新上榜	
16	百度有钱	38.6	−10 ↓	−2 ↓
17	分期乐	37.7	−6 ↓	9 ↑
18	广发银行网上商城	37.6	新上榜	
19	爱钱进	37.2	新上榜	
20	人人分期	36.1	−7 ↓	新上榜
21	玖富	34.8	新上榜	

续表

排名	品牌名称	品牌认知得分	2018 年/2017 年排名变动	2017 年/2016 年排名变动
22	海尔消费金融	34.5	−3 ↓	−7 ↓
23	途牛—牛客贷/首付出发	34.3	−11 ↓	11 ↑
24	滴水贷	33.9	新上榜	
25	陆金服	33.8	新上榜	
26	兴业消费金融	33.8	−12 ↓	0
27	易分期	33.7	再上榜	跌出榜单
28	58 月付	33.1	−2 ↓	新上榜
29	上海尚诚消费金融	32.1	−6 ↓	新上榜
30	湖北消费金融	29.9	−1 ↓	新上榜

（二）品牌感知质量指数

1. 品牌感知质量指数分析

品牌感知质量指数反映消费者对各消费金融品牌质量相关情况的评价，依据消费金融业务的特征，具体划分为流程、产品、服务、平台安全四个维度进行测量。各品牌的品牌感知质量指数如图 5-3 所示，从中可以发现：

（1）电商系品牌中蚂蚁花呗和国美金融的品牌感知质量指数排名前列，而作为电商系巨头的京东白条的品牌感知质量得分稍稍低于平均水平，与其细分指标还款服务、催收手段、产品期限选择和平台安全满意度稍低有关。与其他三个电商系品牌相比，新上榜的唯品花品牌感知质量指数得分较低，需努力提升产品与服务，优化业务流程，从而提高消费者感知质量。

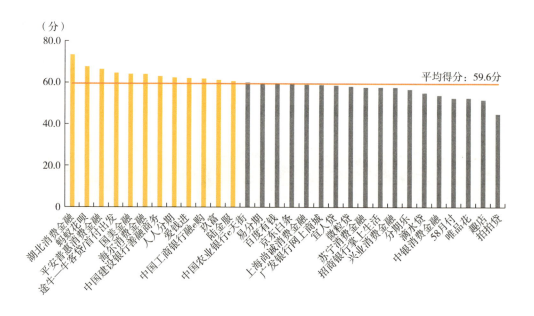

图5-3 消费金融品牌感知质量指数得分

（2）持牌系品牌感知质量得分呈现两极化分布，湖北消费金融品牌感知质量指数得分位居第一，而其余五个上榜的持牌系品牌感知质量得分均位于平均水平以下，品牌间差距较大，相对落后的持牌系品牌应重视品牌的产品创新与服务提升。

（3）银行系品牌中中国建设银行善融商务和中国工商银行融e购的品牌感知质量得分在平均水平以上，而其余三个品牌的感知质量得分也都与总体平均得分相差较小。

（4）互金系品牌中平安普惠消费金融、途牛、人人分期、爱钱进、玖富和陆金服的品牌感知质量得分均高于平均水平，其中平安普惠消费金融品牌感知质量排名第三，与其业务流程、产品期限选择、服务人员质量和平台安全满意度较高有关。

2. 品牌感知质量指数排名变动

如表 5−3 所示，近几年来国美金融朝着稳定的方向良好发展，其品牌感知质量指数 2017 年排名上升 9 名排第五名，并在 2018 年排名保持不变。湖北消费金融、平安普惠消费金融、途牛和海尔消费金融的品牌感知质量指数排名上升幅度较大，分别上升了 13 名、20 名、11 名和 19 名，其中湖北消费金融更是超越蚂蚁花呗成为 2018 年中国消费金融品牌感知质量指数排行榜第一。

表 5−3　2018 年中国消费金融品牌感知质量指数排名及变化

排名	品牌名称	品牌感知质量得分	2018 年/2017 年排名变动	2017 年/2016 年排名变动
1	湖北消费金融	73.5	13 ⬆	新上榜
2	蚂蚁花呗	67.8	−1 ⬇	7 ⬆
3	平安普惠消费金融	66.5	20 ⬆	−23 ⬇
4	途牛—牛客贷/首付出发	64.7	11 ⬆	−8 ⬇
5	国美金融	64.3	0	9 ⬆
6	海尔消费金融	64.2	19 ⬆	−7 ⬇
7	中国建设银行善融商务	63.2	新上榜	
8	人人分期	62.5	−2 ⬇	新上榜
9	爱钱进	62.3	新上榜	

续表

排名	品牌名称	品牌感知质量得分	2018 年/2017 年排名变动	2017 年/2016 年排名变动
10	中国工商银行融 e 购	62.0	新上榜	
11	玖富	61.4	新上榜	
12	陆金服	60.9	新上榜	
13	中国农业银行 e 天街	60.2	新上榜	
14	易分期	60.0	再上榜	跌出榜单
15	百度有钱	60.0	−2 ↓	−3 ↓
16	京东白条	59.9	−14 ↓	4 ↑
17	上海尚诚消费金融	59.1	−8 ↓	新上榜
18	广发银行网上商城	59.0	新上榜	
19	宜人贷	58.7	新上榜	
20	微粒贷	58.2	新上榜	
21	苏宁消费金融	57.7	−2 ↓	−17 ↓
22	招商银行掌上生活	57.7	新上榜	
23	兴业消费金融	57.6	−6 ↓	−14 ↓
24	分期乐	56.7	−8 ↓	1 ↑

续表

排名	品牌名称	品牌感知质量得分	2018年/2017年排名变动	2017年/2016年排名变动
25	滴水贷	55.0	新上榜	
26	中银消费金融	53.9	−16 ↓	−1 ↓
27	58月付	52.6	−24 ↓	新上榜
28	唯品花	52.6	新上榜	
29	趣店	51.7	−18 ↓	19 ↑
30	拍拍贷	44.8	−12 ↓	7 ↑

在 2018 年品牌感知质量指数排名相较 2017 年有所下降的品牌中，中银消费金融、58 月付、趣店和拍拍贷下降幅度较大，分别下降了 16 名、24 名、18 名和 12 名，其中趣店在 2017 年较 2016 年上升了 19 名，品牌感知质量得分排名波动较大。

（三）品牌忠诚指数

1. 品牌忠诚指数分析

品牌忠诚指数反映消费者对各消费金融品牌的忠诚程度，具体划分为消费者对该品牌的满意度、重复购买意愿、对于竞争品牌的态度、向他人推荐意愿以及产品敏感度五个维度进行测量。其中，产品敏感度是指消费金融的部分特性（如利率、授信额度、期限）发生改变，或者其他品牌提供相似产品且利率更低、授信额度更高、还款期限更长时，消费者会不会使用其他品牌的产品。各品牌的品牌感知质量指数如图 5-4 所示，从中可以发现：

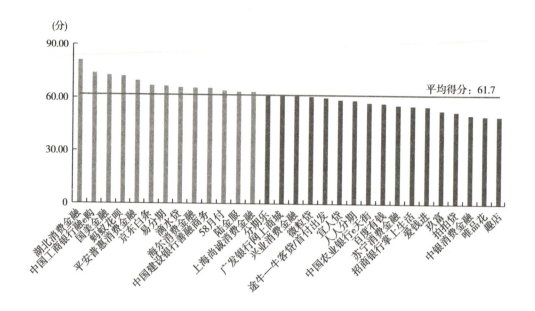

图 5 - 4　消费金融品牌忠诚指数得分

（1）电商系品牌国美金融、蚂蚁花呗和京东白条的品牌忠诚指数排名分别为第三、第四和第六，消费者对这三个品牌整体满意度较高，也比较愿意重复使用和向他人推荐，因此，品牌忠诚度也比较高。

（2）银行系品牌中国工商银行品牌忠诚指数得分位居第二，中国建设银行善融商务的品牌忠诚得分也高于平均水平，另外三个银行系品牌忠诚度则在平均水平以下。

（3）持牌系品牌中湖北消费金融品牌忠诚指数得分荣登第一，上海尚诚消费金融品牌忠诚指数得分略高于平均水平，其余持牌系品牌则低于平均水平，消费者对其余持牌系品牌忠诚度较低。

（4）互金系品牌平安普惠消费金融、易分期、滴水贷、58月付和陆金服的品牌忠诚度高于总体平均水平，其中滴水贷在 2018 年初刚上线，消费者对其重复使用和向他人推荐意愿较强，品牌忠诚度较高。

（5）除较为领先的湖北消费金融、中国工商银行融 e 购、国美金融、蚂蚁花呗，以及有待进步的趣店、唯品花和中银消费金融这些品牌之外，其余 23 个品牌的消费者忠诚水平相差不大，说明消费者对大部分消费金融品牌的忠诚程度较为相近。

2. 品牌忠诚指数排名变化

如表 5-4 所示，品牌忠诚指数较 2017 年排名上升幅度较大的品牌有平安普惠消费金融、海尔消费金融和上海尚诚消费金融，分别上升了 20 名、12 名和 7 名，其中以平安普惠为代表，选择平安普惠消费金融的消费者相比 2017 年向他人推荐品牌的意愿更强，利率、授信额度和期限敏感度降低，品牌满意度提高。

兴业消费金融、人人分期、中银消费金融、拍拍贷和趣店品牌忠诚指数排名大幅下降，相比 2017 年分别下降了 13 名、12 名、17 名、14 名和 12 名，其中拍拍贷和趣店则是在 2017 年排名上升后又大幅下降，消费者对其品牌忠诚度不稳定，而另外 4 个品牌则是连续两年排名都出现下降，建议采取有关措施提高消费者品牌忠诚度。

表 5-4 2018 年中国消费金融品牌忠诚指数排名及变化

排名	品牌名称	品牌忠诚	2018 年/2017 年排名变动	2017 年/2016 年排名变动
1	湖北消费金融	81.2	4 ↑	新上榜
2	中国工商银行融 e 购	74.0	新上榜	
3	国美金融	72.8	0	9 ↑
4	蚂蚁花呗	72.2	-2 ↓	9 ↑
5	平安普惠消费金融	69.7	20 ↑	-9 ↓
6	京东白条	66.9	3 ↑	6 ↑

续表

排名	品牌名称	品牌忠诚	2018 年/2017 年排名变动	2017 年/2016 年排名变动
7	易分期	66.6	再上榜	跌出榜单
8	滴水贷	65.9	新上榜	
9	海尔消费金融	65.6	12 ↑	−7 ↓
10	中国建设银行善融商务	65.5	新上榜	
11	58 月付	64.2	−10 ↓	新上榜
12	陆金服	63.5	新上榜	
13	上海尚诚消费金融	63.5	7 ↑	新上榜
14	分期乐	61.7	5 ↑	4
15	广发银行网上商城	61.6	新上榜	
16	兴业消费金融	61.3	−13 ↓	−2 ↓
17	微粒贷	61.0	新上榜	
18	途牛—牛客贷/首付出发	60.3	−8 ↓	−4 ↓
19	宜人贷	59.1	新上榜	
20	人人分期	58.8	−12 ↓	新上榜

续表

排名	品牌名称	品牌忠诚	2018 年/2017 年排名变动	2017 年/2016 年排名变动
21	中国农业银行 e 天街	57.4	新上榜	
22	百度有钱	57.1	-6 ↓	-9 ↓
23	苏宁消费金融	56.1	-9 ↓	-5 ↓
24	招商银行掌上生活	55.7	新上榜	
25	爱钱进	55.4	新上榜	
26	玖富	53.0	新上榜	
27	拍拍贷	52.3	-14 ↓	14 ↑
28	中银消费金融	50.5	-17 ↓	-8 ↓
29	唯品花	49.9	新上榜	
30	趣店	49.8	-12 ↓	10 ↑

三、中国消费金融品牌口碑细分指标分析

根据指标体系的设置，我们在品牌认知、品牌感知质量、品牌忠诚三个一级指标下，分别选择若干关键细分指标进行分析，深入考察各指标下品牌的表现。

（一）品牌认知关键指标分析

1. 消费金融品牌普及度

品牌普及度和网络提及度共同构成品牌知晓指标。如图 5-5 所示，对受访者知晓的品牌进行统计，品牌普及度排名前三的品牌分别是蚂蚁花呗、京东白条和中国工商银行融 e 购，其中约 90% 的消费者知道蚂蚁花呗；相对来说，陆金服、趣店和湖北消费金融品牌普及度得分较低，需加强品牌宣传，提高品牌普及度。

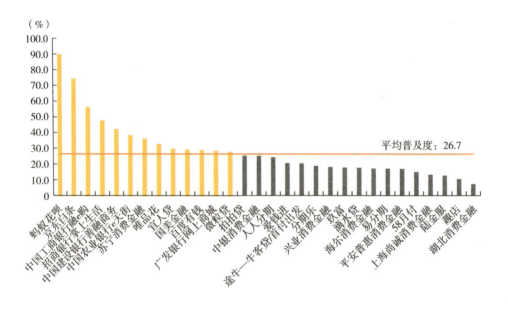

图 5-5　消费金融品牌普及度

从不同系别来看，电商系和银行系品牌的品牌普及度均高于平均水平，这些品牌凭借其依托的电商平台和银行平台在消费者之中得到了广泛的传播。持牌系和互金系品牌普及度相对来说较低，持牌系中只有苏宁消费金融品牌普及度在平均水平以上，而互金系也只有宜人贷和微粒贷的品牌普及度高于平均普及度。

2. 消费金融品牌网络提及度

如图 5-6 所示，消费金融品牌之间的网络提及度两极分化较明显，高于平均水平的各品牌的网络提及度得分远高于平均水平以下的各品牌的网络提及度得分，其中蚂蚁花呗的网络提及最高，其有特定的消费场景入口，再加上"双十一"等的促销活动，因而品牌的网络热度一直位居前列。

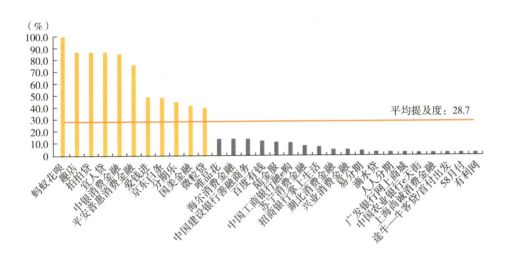

图 5-6 消费金融品牌网络提及度

从不同系别来看，在网络提及度高于平均得分的 11 个品牌中，互金系消费金融品牌占了 7 个，电商系占了 3 个，而在持牌系中只有中银消费金融得分高于平均水平，银行系更是无一入围，这可能是因为互金系和电商系品牌比起持牌系和银行系品牌更擅长宣传、造势和营销，从而更容易获得用户关注。

（二）品牌认知关键指标分析

图 5-7 综合表现了品牌感知质量细分指标的重要性程度和三年的满意度得分，其中利率水平、期限选择、隐私保护程度和服务人员质量对综合口碑指数最为重要，而系统安全性和投诉受理情况相对来说重要程度较低。

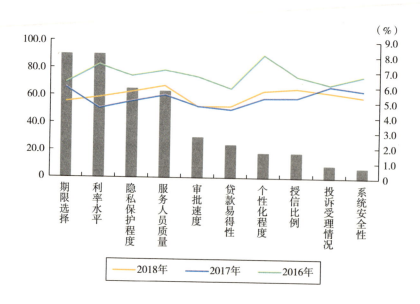

图 5 – 7　2016～2018 年品牌感知质量细分指标重要程度及得分比较

综合三年来看，2017 年和 2018 年品牌感知质量各项指标的满意度得分均低于 2016 年的得分，除了期限选择、投诉受理情况和系统安全性这三项之外，2018 年的品牌感知质量的细分指标的满意度得分比 2017 年有一定程度的提升。其中期限选择对综合口碑指数较为重要，消费金融各品牌需重视为消费者提供更丰富的产品期限选择，而投诉受理情况和系统安全也会影响消费者对于品牌的口碑，所以也应注意提升投诉受理服务和系统的安全性。

本报告从品牌感知质量的测量指标中，选取了 11 个重点分项指标，计算消费者的平均满意得分。从图 5 – 8 可以发现，消费者对服务人员质量的满意程度最高，授信比例和个性化程度的满意度得分也较高，而期限选择、贷款易得性和审批速度的平均满意度得分较低。行业整体需要优化贷款办理审批流程，为顾客提供更个性化的产品和更多的还款期限选择，从而促进行业更好地发展。

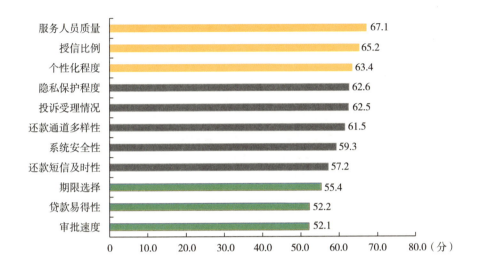

服务人员质量	67.1
授信比例	65.2
个性化程度	63.4
隐私保护程度	62.6
投诉受理情况	62.5
还款通道多样性	61.5
系统安全性	59.3
还款短信及时性	57.2
期限选择	55.4
贷款易得性	52.2
审批速度	52.1

图 5 - 8　品牌感知质量关键指标满意度得分

1. 贷款易得性

贷款易得性从注册便捷度、门店数量和填写材料复杂度三个维度衡量，从图 5 - 9 可以发现，蚂蚁花呗高居首位，表现优异，微粒贷和湖北消费金融在贷款易得性方面也表现出色，而海尔消费金融、中国农业银行 e 天街和滴水贷在此方面的满意度得分较低。

从不同系别来看，互金系品牌在贷款易得性方面表现出色，贷款易得性满意度高于平均分的 13 个品牌中有 8 个是互金系，尤其是微粒贷，它面向微信用户和 QQ 用户，这类用户对微信和 QQ 两大社交平台操作经验较为丰富，通过社交平台获取消费信贷较为方便。电商系品牌蚂蚁花呗的贷款满意度得分位居前列，京东白条的贷款易得性满意度得分也位于平均水平之上，这两大品牌通过自身电商平台提供消费信贷。银行系品牌招商银行掌上生活和广发银行网上商城的贷款易得性得分也较高，而持牌系品牌只有湖北消费金融的贷款易得性得分在平均水平以上，建议其他持牌系品牌适当优化贷款获取流程，让消费者更方便地使用消费金融服务。

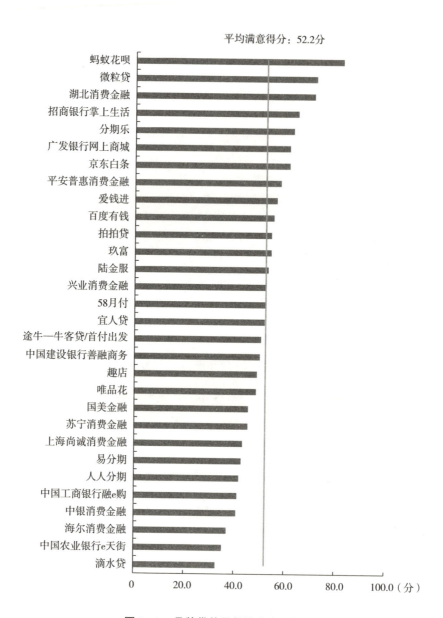

图 5 - 9　品牌贷款易得性满意度得分

2. 审批时间

如图 5 – 10 所示，各品牌平均审批时间为 13.6 小时，其中蚂蚁花呗审批时间最快，为 0.73 小时，国美金融审批时间相对最慢，为 27.49 小时，品牌间审批时间差异较大。

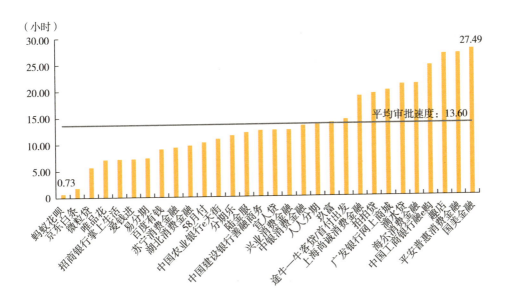

图 5 – 10　各品牌平均审批时间

如图 5 – 11 所示，从消费者审批时间满意度来看，电商系品牌蚂蚁花呗表现优异，其消费者平均满意得分为 52.1，依托于阿里系，拥有比其他消费金融平台更强大的风控实力，可以支持其快速放款。互金系微粒贷、分期乐和百度有钱等审批时间满意度得分位于平均水平之上，表现不错。银行系的招商银行掌上生活、广发银行网上商城和中国建设银行善融商务的审批时间满意度也较高，突破以往银行系品牌填写材料复杂，审核时间过慢的局限。持牌系湖北消费金融和上海尚诚消费金融在审批服务方面表现不错，消费者对其审批时间也较为满意。

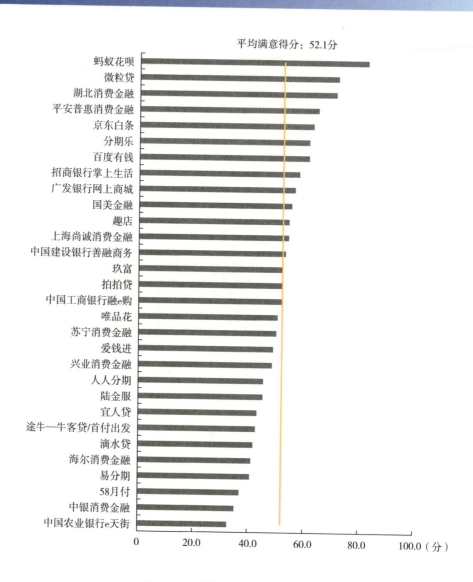

平均满意得分：52.1分

蚂蚁花呗
微粒贷
湖北消费金融
平安普惠消费金融
京东白条
分期乐
百度有钱
招商银行掌上生活
广发银行网上商城
国美金融
趣店
上海尚诚消费金融
中国建设银行善融商务
玖富
拍拍贷
中国工商银行融e购
唯品花
苏宁消费金融
爱钱进
兴业消费金融
人人分期
陆金服
宜人贷
途牛—牛客贷/首付出发
滴水贷
海尔消费金融
易分期
58月付
中银消费金融
中国农业银行e天街

0   20.0   40.0   60.0   80.0   100.0（分）

图5－11　品牌审批时间满意度得分

3. 授信比例

从图5－12消费者对各品牌的授信比例满意度来看，互金系品牌爱钱进、易分期和陆金服平均满意得分65.2，位列前三，表现突出。持牌系湖北消费金融、苏宁消费金融和兴业消费金融平均满意得分高于平均水平以上。银行系中国建设银行善融商务和中国农业银行 e 天街表现也较好。电商系品牌除京东白条平均满意得分稍高于平均水平之外，其他品牌平均满意度得分均在平均水平以下。

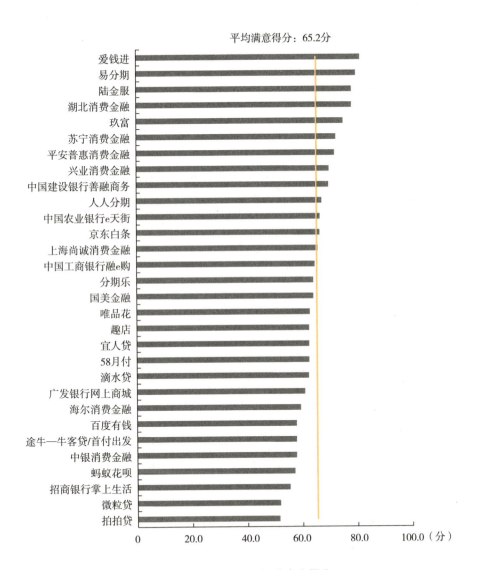

平均满意得分：65.2分

图 5 –12　品牌授信比例满意度得分

4. 服务人员质量

受访者从服务人员的态度、专业性及熟练程度三个方面来评价服务人员质量。如图 5－13 所示，互金系表现十分出色，平安普惠消费金融、玖富、海尔消费金融、国美金融、途牛—牛客贷/首付出发、京东白条、爱钱进 7 个互金系品

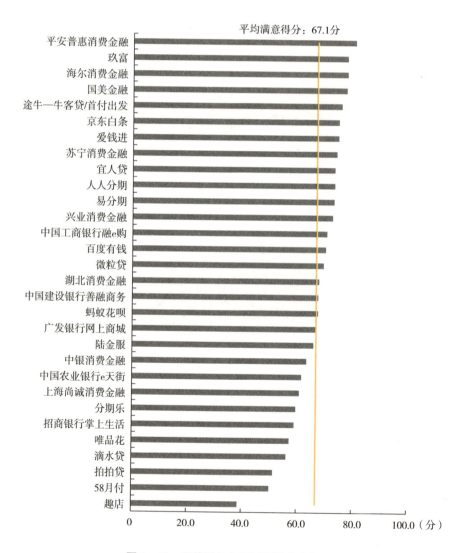

图 5－13 品牌服务人员质量满意度得分

牌平均满意得分67.1，位列服务人员质量满意度榜单前十，消费者对互金系品牌的服务人员满意度较高；持牌系品牌中的海尔消费金融、苏宁消费金融和兴业消费金融的服务人员质量也得到了消费者的认可，消费者对其满意度较高。银行系中国工商银行融e购、中国建设银行善融商务和广发银行网上商城的服务人员质量的平均满意得分高于平均水平，表现较好。

5. 投诉受理情况

投诉受理情况考虑投诉渠道数量情况、投诉渠道畅通情况、投诉处理的及时性和投诉处理的满意度四个方面，反映消费者对投诉受理情况的综合评价。如图5－14所示，在高于平均满意度得分的品牌中，四大系别品牌均有之。其中互金系品牌人人分期、银行系品牌中国农业银行e天街和电商系品牌京东白条的平均满意度得分62.5，并列第一，这三家品牌投诉处理较为及时，投诉渠道也较为畅通。

6. 系统安全性

系统安全性包括认证过程的安全性和系统运行的安全性。如图5－15所示，在平均满意得分前十中，持牌机构占据三位，作为正规军，消费者认为持牌机构会提供更为安全的运行系统，平均满意得分59.3；银行系品牌中国工商银行融e购和中国建设银行善融商务的平均满意度得分别位居第二和第三，银行系品牌依托银行平台，系统安全性有保障，消费者对其也比较放心。

(三) 品牌忠诚关键指标分析

1. 品牌忠诚细分指标策略分析

图5－16综合地表现了品牌忠诚细分指标的重要性程度和2016～2018年的满意度得分对比，其中品牌满意度、重复购买对综合口碑指数最为重要，对产品的敏感程度指标相对来说重要程度较低。

连续三年来看，品牌忠诚指数下的细分指标除向他人推荐和期限敏感度之外，其余指标的三年得分相差较小，说明消费者对消费金融品牌的忠诚度整体较

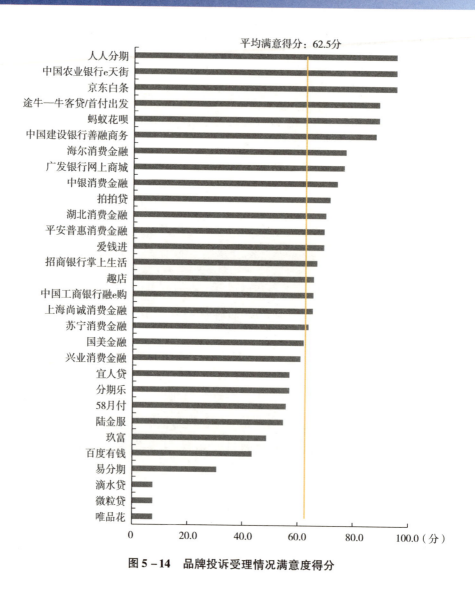

图 5-14　品牌投诉受理情况满意度得分

为稳定。与 2017 年相比，2018 年品牌忠诚指数下的细分指标中，虽然消费者对产品的敏感度指标得分略有下降，但品牌满意度、重复购买、竞争品牌态度和向他人推荐指标的得分均有一定程度的提升，特别地，向他人推荐和重复购买得分提高较多，说明消费者重复购买和向周围人推荐品牌使用的意愿增加，消费者忠诚度较 2017 年略有提升，反映出行业整体在向好的方向发展。

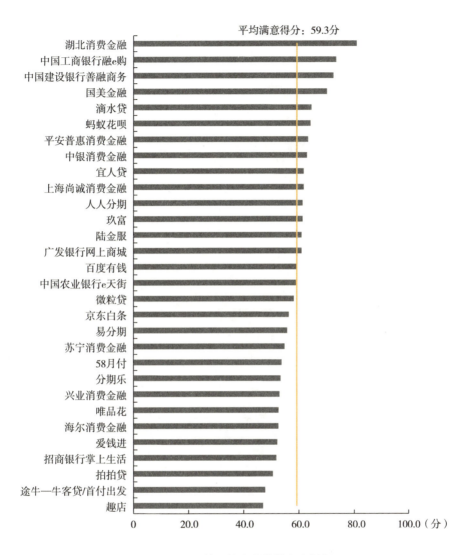

图 5 – 15　品牌系统安全性满意度得分

2. 品牌满意度与情感分析

通过抓取消费者在全网对消费金融的评论并进行正负情感分析，如图 5 – 17 所示，我们可以得知各个品牌的消费者满意度指标，这里我们选择了声量 TOP20 的品牌进行陈列。可以看出，TOP20 的品牌满意度正面评论的均值在 60% 以上，大多数消费金融品牌网络舆情中正向评论居多，消费者对消费金融市场的整体感知较好。具体来看蚂蚁花呗、爱钱进、唯品花、海尔消费金融中国建设银行善融商务、中国工商银行融 e 购、苏宁消费金融、招商银行掌上生活的正向评论均接近甚至超过 80%。而趣店、拍拍贷、玖富、百度有钱的网络舆情正向评论在 TOP20 声量品牌中占比相对较低。

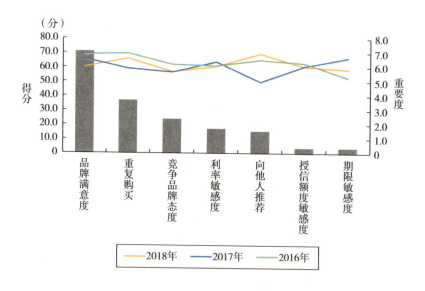

图 5～16　2016～2018 年品牌忠诚细分指标重要程度及得分比较

3. 品牌感知质量细分指标对品牌忠诚的影响

将品牌忠诚与感知质量部分细分指标两两进行相关性分析，由图 5－18 可以发现，系统安全性、服务人员质量、投诉受理情况与品牌忠诚的关系较为密切，而贷款易得性相对来说影响不大。企业在培养消费者忠诚度时可以从系统安全性、服务人员质量和投诉受理方面着手，如注重维护消费者信息和资金安全性，为消费者提供更好的保障。

图 5 –17　品牌满意度与正负情感分析 TOP20

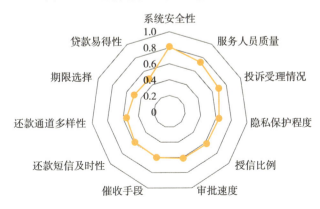

图 5 –18　品牌忠诚与感知质量部分细分指标相关系数

四、典型品牌分析

（一）湖北消费金融——2018 年品牌口碑表现较好，排名较 2016 年上升最快

1. 排名变化分析

作为一家持有牌照的消费金融公司，湖北消费金融在 2018 年消费金融口碑指数中表现尤为突出，2018 年总排名第 7 名，相较 2017 年排名上升了 14 名，分项指数品牌感知质量、品牌忠诚分别上升了 13 名和 4 名，品牌忠诚指标得分达到了所有消费金融品牌中的第一名。湖北消费金融的各细化指标得分较上年有所提高，在系统安全性、贷款易得性、平均审批速度上令消费者较为满意；在品牌普及度、服务人员质量满意度和投诉受理满意度上有待加强。

2. 品牌大事记

（1）产品整合与获客方式转型。立足公司实际和互联网业务发展需要，围绕目标客户，聚焦大额消费、小额消费、优质客群，构建"嗨贷""嗨花""菁英贷"三大系列产品品牌，形成"一大一小一优"的差异化产品体系；业务实现线上 APP 进件、审批，进一步夯实转型发展基础。"嗨花"线上小额循环贷投产运行，以"融 360""拍拍贷"等为代表的线上获客平台形成产能；"嗨贷"全线自主进件、自动审批、自营获客体系搭建完成并形成产能。截至年末，线上放款 47.8 万笔，余额 8.5 亿元，件均放款 0.52 万元；线下放款 7.0 万笔，余额 55.8 亿元，件均放款 13.8 万元。

（2）运营流程管理优化完善。按照监管要求构建科技、风险、审计"三道防线"，制定八大类信息科技管理制度，形成涵盖管理、开发、运维、安全信息的科技管理体系。此外，湖北消费金融规范面核面签工作，出台一系列管理办法，对各中心面签面核工作集中统一管理，有效防范风险，进而提高了效率；通过优化催收、双录、征信、档案、话术、电审要素等，审批时效显著提升，营运效率同比提升30%。

（3）加快金融科技建设。自湖北消费金融公司成立以来，秉承三大思维中坚持科技思维的理念，科技历经三年发展，实现从无到有，逐步完善科技体系，完善 IT 基础设施，确保了系统安全稳定的运行，为业务高质量发展提供体系化、常态化的科技支撑。目前已完成五点成就：一是完成了独立自主的硬件网络体系，独立机房、数据备份中心等基础设施搭建；二是完成了业务系统，渠道系统、核心系统、呼叫系统、影像系统、账务系统、资金系统、四大引擎等系统建设，健全从客户获取、业务咨询、业务办理、风险管理到结清退出的全流程业务支撑系统，有力地服务于客户和业务部门；三是完成了数据积累，以数据仓库为中心，报表平台、高管驾驶舱等分析平台为工具，实现数据积累与分析，为未来智能化创造了有利条件；四是完成了日常工作系统建设，OA 系统、人力资源管理系统、禅道等系统，为部门沟通、工作汇报提供线上办公环境，提高了员工工作效率；五是完成了科技组织架构建设，由数据组、安全组、运维组、需求组、监理组、测试组六个团队组成，优化人员配备，以适应业务快速发展对科技人才的新需求。

（二）中国工商银行融 e 购——新上榜银行系品牌表现突出，排名前列

1. 排名变化分析

作为四大行旗下的消费金融品牌，在 2018 年消费金融口碑指数中，工商银行融 e 购首次被纳入统计。相比于中国建设银行善融商务、中国农业银行 e 天街与招商银行掌上生活表现优异。在综合指数与品牌认知指数上排名第三，仅次于蚂蚁花呗与京东白条；在品牌忠诚指数上排名第二，仅次于湖北消费金融；在品牌感知质量指数排名上仅排第十名，仍需加强。在细化指标得分上，贷款易得性、审批速度、服务人员质量、投诉受理情况方面仍需加强，在系统安全性上表现优异。

2. 品牌大事记

平台免费以"商"促融，进入领先电商之列。2015 年创立之初，融 e 购电商平台作为工商银行互联网金融战略的重要一环，以骄人的成绩横空出世。公开资料显示，融 e 购对外营业仅 14 个月就达到 1600 万注册用户，累计交易金额突破 1000 亿元，进入领先电商之列。仅用时 204 天，年交易规模达到 100 亿元；仅历时 10 个月，注册客户数量就达到 1000 万人。在 2015 年不少电商巨头仍采取收费的策略，工行融 e 购凭借"电商 + 金融"的双重优势，为商家提供免费平台，以此作为打入电商行业的突破口。通过搭建融 e 购电商平台，打通了生活、信息、金融服务全链条，从中获取到涵盖商户和消费者注册、社交、物流、交易等各个节点的信息，使商品流、资金流和信息流"三流合一"，形成了数据的聚合效应。电商平台作为银行服务前移的重要窗口，需要掌握各项交易数据，并通过结合银行已经积累的金融数据来发展相关的金融业务。因此，融 e 购搭建一个免费的电商平台，其实质是获取更多的交易数据，实现更多的商业机会。

（三）易分期——继 2017 年跌出榜单后在 2018 年重回榜单

1. 排名变化分析

作为互金系品牌，易分期表现波动较大，2017 年跌出了消费金融口碑指数 TOP30，2018 年又荣登榜单第 20 名，其品牌认知指数、感知质量指数和忠诚指数得分在 2018 年的排行榜中分别位列第 27、第 14 和第 7 名，消费者对其感知质量满意度和忠诚度均较高。从细化指标来看，易分期在产品期限选择、催收手段、授信比例服务人员质量和隐私保护程度方面的消费者满意度得分较高，而在贷款易得性、投诉受理和系统安全性方面有待加强。

2. 品牌大事记

（1）立足用户需求，解燃眉之急。作为综合性普惠金融科技服务平台，拉卡拉金融立足用户需求，利用科技赋能，致力为优质个人用户提供专业、个性的金融服务。拉卡拉金融针对不同个人用户的需求设计多种不同的服务产品，满足用户个性化和多样化的资金需求。个人用户可通过下载拉卡拉 APP 或者关注"拉卡拉金融"微信号，线上申请"易分期""商户贷""员工贷"等服务产品，流程简单，审核高效，有效降低获取贷款的成本、解决"长尾市场"用户资金周转难题。

（2）全面降息，沿普惠金融之路走向基业长青。2017 年 10 月 13 日前阿里金融服务（深圳）有限公司旗下易分期品牌宣布全面降息，至此以金融科技服务为本的阿里金服正在全面践行普惠金融之路，坚持为普通大众服务不忘初衷。数据显示，截至 2017 年 9 月，阿里金服旗下易分期已为超过 20 万客户提供消费金融撮合服务，合作商户超过 10000 家，通过阿里金服科技服务平台累计为用户提供消费借款近 10 亿元。

2015 年，阿里金服旗下易分期品牌成立，正式启动普惠金融科技服务，致力于用先进的互联网技术和金融科技，更精准地完成信用决策。为了提升服务效率，阿里金服上线移动端易分期 APP 和新易分期 APP，为需求用户提供一个人工智能金融服务平台，旨在为不同阶层客户提供消费金融撮合服务。相对于传统银行大大降低了客户成本。同时通过企业自主开发的移动进件系统及资产资金智能对接平台，为金融企业提供更精准的目标客户。

（3）紧跟发展关口，为消费场景赋能。随着海量消费市场的增长以及交易规模的不断壮大，第三方支付业务也迎来快速增长。因此，海量数据的分析处理与精细快速的功能迭代就成为对新支付的基本技术要求，与此同时还对风险控制提出更大的挑战。拉卡拉支付始终将创新发展放在重要位置。据了解，拉卡拉支付在保证高效、安全、稳定的支付底层架构基础上始终贴合用户需求，先后推出智能 POS、智能收银台、全能收款码、收钱宝盒、超级收款宝等创新支付产品，有效地解决了消费市场难题。同时，拉卡拉支付全面升级立足移动支付的新一代"天眼"智能风控系统，建设专门的风控大数据平台，实现实时、准实时和批量三层时效覆盖，系统处理能力达到5000TPS以上，实现高风险交易响应时效在50毫秒以内。

拉卡拉以支付收单为切入点，进一步挖掘不同商户在经营过程中的场景化服务需求，通过"拉卡拉云平台"和"商户大数据"满足不同场景需求，为商户的日常经营赋能。第三方支付的快速发展和变革，使得各类交易均实现电子化和数字化，社会各类消费活动变得更加便捷高效，促进了电商、O2O、新零售等行业的爆发式增长。

（四）海尔消费金融——持牌系消费金融品牌中相比2017年表现进步大

1. 排名变化

持牌系品牌海尔消费金融在2018年消费金融口碑综合指数排行榜中排名第12，较2017年上升11名，进步较大，其品牌感知质量指数和品牌忠诚指数排名分别上升19名和12名，表现突出，而品牌认知指数排名略有下滑。消费者对其服务人员质量、投诉受理情况、隐私保护程度和系统安全性较为满意，而在品牌宣传方面海尔消费金融需要加强，从而提高其品牌在消费者心目中的认知度。

2. 品牌大事记

（1）科技场景化、风控智能化，科技引领平台发展。2015年，作为首家产融结合的持牌消金机构，海尔消费金融在开业第一年就实现了盈利。但和一开始入局就在业绩数据和市场份额上激烈追赶的竞争对手不同，海尔消费金融选择了另一条不能在短期内看到回报的路——夯实金融科技建设。2018年，海尔消金成立创新研发中心，上线七大智能平台，并自主获得16个软件著作权，搭建可支撑千万量级以上客户的高并发的系统群，研发部署全流程风控体系、大数据基础平台，同时也引入智能客服、智能催收等系统。

2018年，金融科技全面赋能，尽管海尔消费金融平台实现了更快的链接能力和更优的用户体验，但是创新研发中心任重而道远，2019 年要实现科技引领平台发展，实现科技驱动场景模式迭代和用户体验迭代。同时，公司将实现从风险管理向风险经营、风险增值转型，让风险成为最重要的核心竞争力，并通过大数据及金融科技的赋能，实现风控数字化。

（2）八大场景，四大社群，场景生态化布局。刚刚过去的这一年，由于互联网流量红利消失殆尽，业内产品高度同质化，很多消费金融机构已经触到了新增业务的天花板。客户运营的难题在 2017 年尤为突出，而筛选优质客群、增加老用户黏性，都离不开场景链接。"打造物联网家庭金融首选平台"的战略目标，让海尔消费金融在竞争空前激烈的 2018 年获得了不小的业务增长空间。

海尔消费金融没有用单纯资本消耗扩充流量，而是四年多来都在构建物联网下的场景生态，打造了家电、家居、医美、教育等八大场景，以及社区社群、出行社群、社群、母婴社群四大社群。

例如，在家电场景中，海尔消费金融依托股东产业及线下网络资源，覆盖线下 4000 余家海尔专卖店，在线上链接了集团大顺逛平台。在教育场景中，海尔消金拥有超过 600 个触点，2018 年在教育场景累计放款达 10 亿元，较 2017 年增长 29 倍。

（3）经营终身用户，提升用户价值。在场景生态化、科技场景化、风控智能化"三化"战略布局下，海尔消费金融如今已成为一个更为开放的平台。其不再是一个提供金融工具赚取息差的公司，而是构建出一个物联网家庭金融服务的生态平台，既能快速链接各大场景的资源，又能提供金融科技能力的输出。从行业角度来看，物联网家庭金融服务平台的搭建是海尔消费金融基于用户体验而产生的全新物联网时代解决方案。相较于行业聚焦利润及市场数字，海尔消费金融则率先将目光投向用户端口，以创造终身用户实现价值增值为目标，而非追逐短期利益。可以认为，在进入物联网时代后，经营终身用户已成为海尔消费金融的重点工作。

海尔消费金融将通过会员服务体系及数据驱动的精准营销体系，以提升整体用户经营能力。该体系基于生命周期管理、画像及结构管理、成长及权益体系三个维度建立用户数据管理系统，从用户数据收集、用户数据分析、用户数据应用三个维度进行用户资源发掘、用户策略研究、用户体验提升、平台运营，实现获客、转化、促活，提高平台的用户黏性。

五、本章小结

（一）电商系品牌优势明显，银行系品牌表现可圈可点，持牌系品牌还需努力，互金系品牌发展不均衡

在电商系品牌中，除唯品花之外，蚂蚁花呗、京东白条和国美金融排名均靠前，表现较好。尤其是"蚂蚁花呗"，连续三年蝉联消费金融口碑综合指数TOP1，指数得分也与其他品牌相差较大，具有较大的领先优势。"国美金融"在2017年进步较大，2018年排名未变，品牌发展较为稳定良好。

银行系品牌作为新上榜品牌，表现可圈可点，"中国工商银行融e购"和"中国建设银行善融商务"综合指数得分排名第三和第五，"招商银行掌上生活""中国农业银行e天街"和"广发银行网上商城"得分也均位于48分以上。

持牌系品牌总共有6个消费金融品牌上榜，其中"湖北消费金融"表现最为突出，"海尔消费金融""中银消费金融"和"苏宁消费金融"居中，"上海尚诚消费金融"和"兴业消费金融"相对来说稍显落后。2018年上榜的持牌系品牌个数不如2017年多，整体表现略有下降，还需努力。

互金系品牌在消费金融口碑TOP30排行榜中占据半壁江山，但系别内的品牌之间综合指数得分差距较大，"平安普惠消费金融""微粒贷"和"宜人贷"排名在前十以内，"途牛""人人分期""爱钱进"和"百度有钱"等7个品牌

表现居中，"玖富""滴水贷""趣店""拍拍贷"和"58月付"排名较为靠后。

（二）消费金融市场更新快，品牌应全面发展，忽略任何环节都会使其落后

与2017年相比，2018年中国消费金融口碑指数排名变动较大，共新上榜了13个品牌，"蚂蚁花呗"和"京东白条"两大发展势头仍然迅猛，排名保持不变，"国美金融"排名也保持稳定，"平安普惠消费金融""湖北消费金融"和"海尔消费金融"2018年进步较大，排名都有大幅度上升。"拍拍贷""58月付""兴业消费金融""苏宁消费金融"和"百度有钱"这5个品牌的2018年的排名下降较多，下降的幅度均超过10名。

消费金融市场更新快，市场日新月异，品牌建设应该关注到方方面面，既应注重企业利润，也应重视经营者与消费者的关系，以实现长远的发展。

（三）贷款服务还需优化，产品期限还需丰富，品牌建设还需从多方面努力

消费者对服务人员质量的满意程度最高，授信比例和个性化程度的满意度得分也较高，而期限选择、贷款易得性和审批速度的平均满意度得分较低。

在贷款审批服务方面，"蚂蚁花呗"表现较好，其贷款易得性和审批速度令消费者们满意；在贷款授信方面，互金系品牌"爱钱进""易分期"和"陆金服"平均满意得分排名靠前；在服务人员质量方面，"平安普惠消费金融""玖富"等互金系品牌表现较好；在系统安全性方面，持牌系品牌和银行系品牌表现较好。

行业整体需要优化贷款办理审批流程，为顾客提供更个性化的产品和更多的还款期限选择，从而促进行业更好地发展。

（四）消费金融市场整体令消费者满意，品牌忠诚度有所提升

在网络舆情方面，消费金融品牌的网络舆情满意度评论以正面评论为主，满意度正面评论比例大多数品牌在60%以上，消费者对消费金融市场的整体感知较好。

连续三年来看，品牌忠诚指数下的细分指标除向他人推荐和期限敏感度之外，其余指标的三年得分相差较小，说明消费者对消费金融品牌的忠诚度整体较为稳定。

与 2017 年相比，在 2018 年品牌忠诚指数下的细分指标中，消费者对产品的敏感度指标得分略有下降，说明消费者对品牌的黏性下降，各品牌应充分挖掘优势，寻找自身区别于其他品牌的独特之处，重视顾客黏性的培养。但品牌满意度、重复购买、竞争品牌态度和向他人推荐指标的得分均有一定程度的提升，特别地，向他人推荐和重复购买得分提高较多，说明消费者重复购买和向周围人推荐品牌使用的意愿增加，反映出行业整体在向好的方向发展。

（五）消费金融品牌在品牌知名度建设、消费者服务提升方面未能兼顾

品牌感知质量和品牌忠诚呈一定正相关关系，但品牌认知与品牌感知质量和品牌忠诚得分并无明显关系。持牌系品牌湖北消费金融表现尤为明显，其品牌认知指数得分排第 30 名，但其品牌感知质量指数和品牌忠诚质量指数得分则位居榜首，该品牌在品牌知名度建设和消费者服务提升方面未能较好地兼顾。

将品牌忠诚与感知质量部分细分指标两两进行相关性分析，可以发现，系统安全性、服务人员质量、投诉受理情况与品牌忠诚的关系较为密切，而贷款易得性则影响相对来说不大。企业在培养消费者忠诚度时可以从系统安全性、服务人员质量和投诉受理方面着手，如注重维护消费者信息和资金安全性，为消费者提供更好的保障。

第六章　消费金融使用者洞察

本章主要洞察消费金融使用者的特征。首先，我们分析了不同群体使用消费金融品牌的时间长短和次数差异、品牌认知渠道和品牌知晓情况的认知差异、选择消费金融品牌系别和使用目的的差异，了解消费者的偏好；其次，通过审批服务、贷款利率等品牌感知质量细分指标，以及品牌满意度、重复使用等品牌忠诚细分指标与人口属性的交叉，分析消费者的品牌体验和忠诚现状，再用线性回归进一步考察影响其品牌体验和感知的主要因素；最后，本章用聚类的方法给出使用消费金融的五类典型人群，对各部分人群的利率和收入特征做了说明。

一、消费者使用时间与次数分析

如表 6-1、表 6-2 所示，相比 2017 年，2018 年人们使用消费金融产品的次数更多，时间更长。2018 年使用次数频繁（6 次及以上）的群体占样本的比例达 44.6%，而 2017 年仅有 31.3%；使用消费金融两年以上的群体占样本的比例达 44.86%，大于 2017 年的 37.7%。

表 6 - 1　消费者使用消费金融品牌次数

使用次数	2018 年样本占比（%）	2017 年样本占比（%）
1 次	10. 54	19. 9
2 ~ 5 次	44. 86	48. 8
6 ~ 9 次	19. 57	12. 2
10 次以上	25. 03	19. 1

表 6 - 2　消费者使用消费金融品牌时间

使用时间	2018 年样本占比（%）	2017 年样本占比（%）
半年以下	14. 76	16. 9
半年到一年	18. 05	19. 4
一年到两年	22. 33	26. 0
两年以上	44. 86	37. 7

如图 6 - 1 所示，比较不同性别群体的使用情况，我们发现：男性群体中使用消费金融产品次数 10 次及以上的比例比女性群体高，男性群体中使用次数 10 次及以上的比例为 28. 41%，女性群体是 22%。

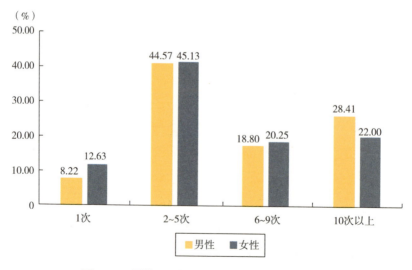

图 6 - 1　男性、女性消费金融品牌使用次数情况

如图 6 - 2 所示，整体而言，大多数受访者的使用次数在 2 ~ 5 次，占 44.86%。比较不同级别城市群体的使用次数，我们发现：一线城市群体中使用次数在 5 次及以上的比例都要高于二、三线城市。

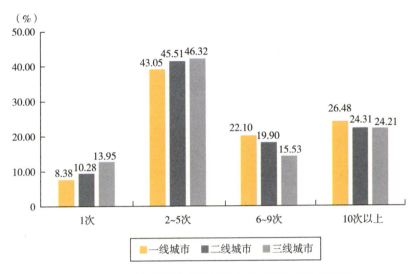

图 6 - 2　不同级别城市群体消费金融品牌使用次数情况

如图 6 - 3 所示，整体而言，有 67.19% 的受访者有一年以上的消费金融使用经历。比较不同年龄群体，我们发现：18 ~ 24 岁群体使用时长的分布较为均匀，而 25 岁及以上的群体使用时长两年以上的比例均超 50%。

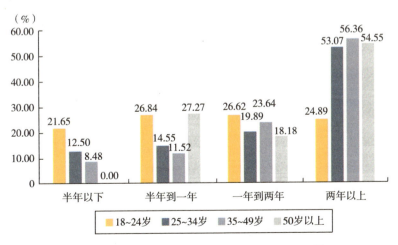

图 6 - 3　不同年龄段群体消费金融品牌使用时间情况

二、不同消费者的品牌认知分析

（一）不同群体品牌认知渠道

如图 6 – 4 所示，总体而言，2018 年消费金融认知渠道的情况和 2017 年相比，没有较大的变化。首先是大多数消费者通过亲戚、朋友、同事、同学的介绍知晓某消费金融品牌，占比 53.29%；其次是通过财经、金融类网站/APP，占比 42.23%；购物平台捆绑的占比与 2017 年相比有小幅下降。

图 6 – 4　消费者品牌认知渠道统计

对不同城市级别、年龄的群体的认知渠道进行对应分析，由图 6 – 5 可以看到，通过财经、金融类网站/APP、购物平台捆绑、社交网站、大众传媒、搜索引擎的群体更多的是年龄 25 岁以上、生活在一线城市的人口。

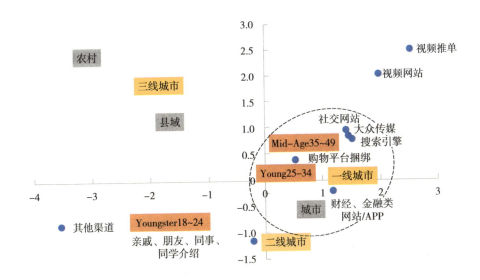

图 6 - 5　不同人群消费金融品牌认知渠道对应分析

（二）不同群体品牌知晓情况

与 2017 年相比，2018 年的平均使用和知晓品牌数都显著增加，总体平均知晓品牌数为 13.6 个，使用品牌数为 5.1 个。对于不同人口属性下的群体，知晓情况存在一定的差异。

如表 6 - 3、表 6 - 4 所示，从城市级别和地域来看，经济越发达的地区，消费者使用和知晓的消费金融品牌数越多。

表 6 - 3　不同城市级别群体品牌知晓、使用情况

城市级别	使用品牌数（个）	知晓品牌数（个）
一线城市	5.6	15.0
二线城市	5.1	13.3
三线城市	4.4	12.0

表 6 - 4　不同地域群体品牌知晓、使用情况

地域	使用品牌数（个）	知晓品牌数（个）
城市	5.4	14.2
县域	4.6	11.8
农村	4.1	11.4

如表6-5所示，比较不同性别的品牌使用和知晓情况，尽管女性知晓的品牌数明显高于男性，但使用的品牌数略微低于男性。

表6-5　不同性别群体品牌知晓、使用情况

性别	使用的品牌数（个）	知晓的品牌数（个）
男性	5.12	13.12
女性	5.11	13.95

如表6-6所示，从年龄上来看，35~49岁的人群与50岁以上人群使用品牌数高于其他年龄段人群，且35~49岁的人群知晓的品牌数高于其他年龄段人群，而18~24岁的人群使用和知晓的品牌数偏少。

表6-6　不同年龄段群体品牌知晓、使用情况

年龄段	使用的品牌数（个）	知晓的品牌数（个）
18~24岁	4.5	12.4
25~34岁	5.3	14.0
35~49岁	5.8	14.5
50岁以上	5.8	13.8

如表6-7所示，从职业上来看，首先是企业高管使用的品牌数最多，其次是从事服务业的人员，最后学生是使用品牌数最少的群体。

表6-7　不同职业群体品牌知晓、使用情况

职业	使用的品牌数（个）	知晓的品牌数（个）
企业高层管理人员（副总经理、厂长以上）	5.8	14.3
服务业人员（餐饮服务员/司机/售货员等）	5.5	13.9
专业人员（教师/医生/律师等）	5.4	15.1

续表

职业	使用的品牌数（个）	知晓的品牌数（个）
私营企业主	5.4	13.9
从事农林牧渔业的劳动者	5.4	11.1
企业中层管理人员（部门经理/科级/主管级）	5.3	14.5
事业单位/公务员/政府工作人员	5.3	14.0
企业普通职员	5.1	13.6
自由职业者（作家/艺术家/摄影师/导游等）	5.0	12.7
个体户	4.8	12.6
家庭主妇	4.8	11.5
工人	4.6	12.4
失业人员	4.2	8.8
学生	3.8	11.0

三、不同消费者的品牌使用分析

（一）不同性别消费者品牌使用情况

如图 6-6 所示，男性和女性使用最多的前 6 个品牌基本一致，分别为蚂蚁花呗、京东白条、中国工商银行融 e 购、中国建设银行善融商务、招商银行掌上生活、苏宁消费金融。男女性的差别在于，男性更多地使用微粒贷、百度有钱，而女性更多地使用唯品花、中银消费金融、爱钱进。

（二）不同地区消费者品牌使用情况

如图 6-7 所示，城市地区与农村地区相比，城市人口使用各头部消费金融品牌的比例更高，且品牌有所不同。苏宁消费金融、百度有钱、中银消费金融在城市地区的使用率较高，而微粒贷、360分期、拍拍贷在农村地区的使用情况更乐观。

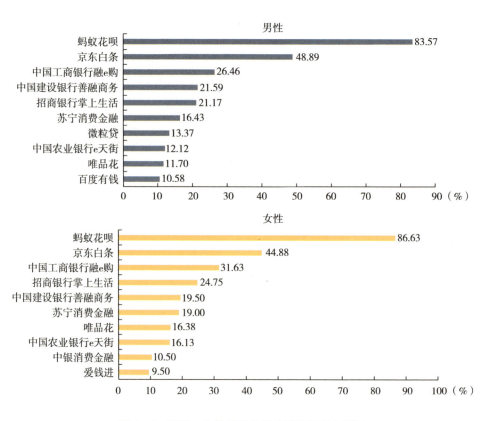

图6-6　男性、女性消费金融品牌使用前十情况

（三）不同系别的使用情况对应分析

如图6-8所示，银行系、持牌系和互金系消费金融品牌的使用人群较为相近，集中在具备大学本科毕业、城市户口、年龄在25岁以上、职业稳定这些特征的人群，而电商系的使用人群偏年轻化，多为18～24岁的学生。

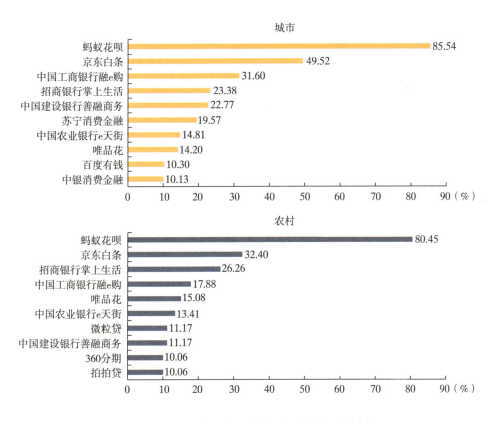

图6-7　城市、农村地区消费金融品牌使用前十情况

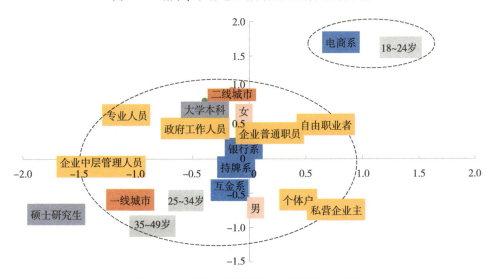

图6-8　不同人群与消费金融系别对应分析

（四）消费者消费金融使用目的分析

如图 6 – 9 所示，我们将使用目的分为个人消费和家庭消费。总体来看，个人消费的占比为 69.90%，家庭消费的占比为 30.1%。对比男性和女性在消费目的上的不同，女性群体中家庭消费所占比重为 33.00%，而男性为 26.88%，女性群体家庭消费的比重要高于男性。

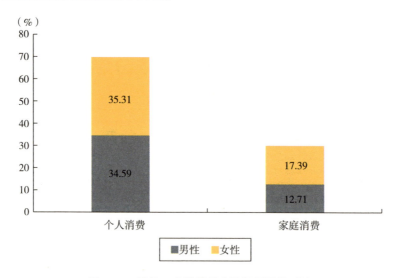

图 6 – 9　男性、女性消费金融使用目的对比

如表 6 – 8 所示，考察消费者使用消费金融产品的原因动机。首先是近半数的人受"先享受、后消费"的观念影响；其次是因为使用分期更划算、有免息权益而使用消费金融，占比 43.28%。最后是因为与购物平台捆绑、方便快捷，占比 38.08%。

表 6 – 8　使用消费金融的原因

使用消费金融的理由	占比（%）
"先享受，后消费"的观念	49.80
使用分期更划算、有免息权益	43.28

续表

使用消费金融的理由	占比（%）
与购物平台捆绑，方便快捷	38.08
资金周转不开（资金不充足）	35.11
资金流动性考量（资金充足）	31.75
身边亲戚、朋友、同事同学的影响	28.66
无法从银行获得消费贷款	5.40

进一步考察用户使用消费金融产品的用途，如表 6 - 9 所示，65.88% 的被调查者表示仅用于消费，这与消费金融的产品初衷是相符合的，但也有一部分被调查者表示为投资理财、亲友救急、生产经营、偿还债务而使用消费金融产品。

表 6 - 9　使用消费金融的用途

使用消费金融的理由	占比（%）
仅用于消费	65.88
曾用于投资理财	24.64
曾用于亲友救急	17.85
曾用于生产经营	17.72
曾用于偿还债务	13.31
其他	0.46

如图 6 - 10 所示，不同系别下受访者的使用消费金融用途占比有较大差异。电商系下仅用于消费的占比达 69.00%，显著高于其他系别。持牌系、互金系和银行系消费金融品牌存在较大比例非消费目的的贷款，意味着这三大系别品牌的消费金融业务中虽然存在一定比例，但没有具体消费场景的现金贷业务，导致资金没有用到消费上，风险也是相对较大的，有待严加把控。进一步考察各个品牌仅用于消费的占比，如表 6 - 10 所示，蚂蚁花呗和京东白条的占比高达 90%，而海尔消费金融仅有 46.67%，行业内形成较大的差距。

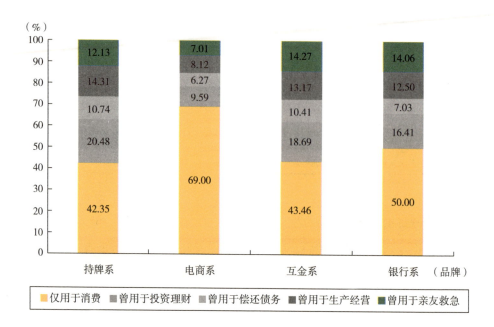

图 6–10　不同系别下各类使用消费金融用途占比

表 6–10　各品牌下仅用于消费的占比

品牌	占比（%）	品牌	占比（%）	品牌	占比（%）
蚂蚁花呗	90.00	招商银行掌上生活	69.81	中国建设银行善融商务	62.86
京东白条	90.00	兴业消费金融	67.74	中国农业银行e天街	62.50
百度有钱	86.67	中国工商银行融e购	66.67	宜人贷	60.00
微粒贷	84.38	招联消费金融	66.67	湖北消费金融	56.67
苏宁消费金融	81.25	拍拍贷	66.67	360分期	56.67
捷信消费金融	76.67	途牛—牛客贷/首付出发	66.67	58月付	56.67
唯品花	75.00	马上消费金融	64.52	平安普惠消费金融	56.67
有利网	73.33	广发银行网上商城	63.33	国美金融	53.33
中银消费金融	70.00	上海尚诚消费金融	63.33	华融消费金融	50.00
玖富	70.00	趣店	63.33	海尔消费金融	46.67

四、不同消费者的品牌体验分析

（一）审批服务

从整体来看，如图 6–11 所示，被调查者的平均消费金融申请额度和审批额度都达 10000 元以上。分别观察不同职业群体的情况，首先是企业高层管理人员的额度是最高的，达 20000 元，对额度的满意程度也最高；其次是医生、律师、教师等专业人员，私营企业主和企业中层管理者；最后学生群体是最低的，平均申请额度只有 5777 元，满意度也最低。不同职业群体的满意度大小基本与额度的高低成正比，与授信比率没有明显的相关关系。

图 6–11 不同职业人群申请额度、审批额度、满意度

　　将审批额度（单次批准贷放最大金额）除以申请额度（实际消费所需贷款金额），计算得授信比例，授信比例大于1，说明用户较为稳健保守，没有将消费金融产品提供的最大贷款额度全部提前消费出去；授信比例小于1，则说明消费金融产品提供的最大贷款额度还不能满足用户的消费需要；授信比例等于1时，达到供需平衡。从统计结果来看，如图6-12所示，各职业人群的平均授信比例都大于1，其中学生群体的授信比例最高，个体户的授信比例排在其后，然后是企业高层管理人员。

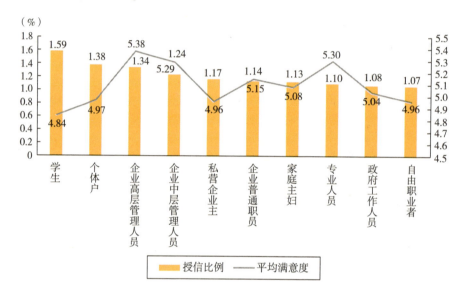

图6-12　不同职业人群授信比例及授信额度满意度

（二）贷款利率

　　考察消费金融产品的年化利率，如图6-13所示，有5.20%的被调查者选择零利率的产品，32.61%的年化利率在10%以内，19.10%的年化利率在10%～20%，还有5.99%的年化利率在政策不被允许的30%以上。值得注意的是，30.44%的受访者对消费金融的年化利率并不敏感，分别有17.79%表示不清楚、不关心利率，12.65%表示只知道月/日利率，却不知道年利率。

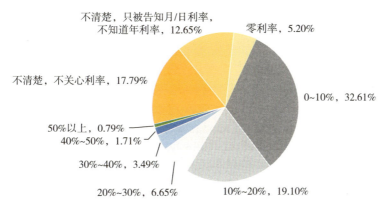

图 6 – 13　使用消费金融产品的年利率

比较不同城市级别，如图 6 – 14 可知，一线城市中年化利率在 10% ~ 30% 的比例高于二、三线城市，二、三线城市中不清楚利率的人群比例要显著高于一线城市。

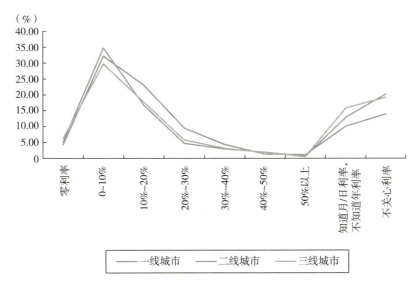

图 6 – 14　不同城市人群使用产品年化利率

比较不同地域，如图 6 – 15 可知，城市中年化利率在 20% 以内的比例要高于农村和县城，农村中年化利率在20%～30%的比例要高于城市和县城，且城市人口对利率的敏感程度最大，农村人口对利率的高低最不清楚，这也间接解释了农村地区20%～30%年化利率的比重相对偏高的现象。

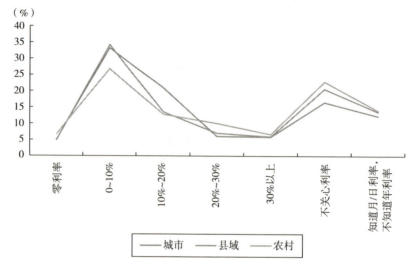

图6－15　不同地域人群使用产品年化利率

比较不同年龄段人群，如图6－16可知，年龄越小，对利率高低越不关心，18～24岁人群中对年化利率表示不清楚的比例显著高于25岁及以上的人群。

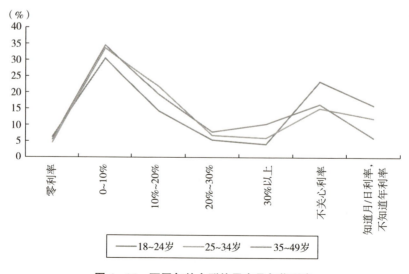

图6－16　不同年龄人群使用产品年化利率

（三）还款情况

1. 还款渠道和周期选择

如图 6－17 所示，不同的消费金融产品的提供方所支持的还款途径略有不同，但总体来说还款渠道是多样的。首先是支付宝依托花呗在消费金融领域的市场，成为最主要的还款渠道；其次是传统的储蓄卡；最后是微信和信用卡，占比最小的是百度钱包。

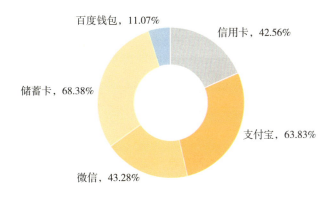

图 6－17　还款选择方式比例

在还款周期的选择上，如图 6－18 所示，两年期及以上的占比较小，因为消费金融涉及金额不大，所以近 90% 都在一年期及以内，一期、三期、六期、十二期的比重较为平均，六期的略多，占 27.54%。

2. 还款短信提醒与提醒及时性

在还款短信提醒方面，有 88.9% 的受访者表示收到过消费金融公司发送的还款短信提醒。如图 6－19 所示，首先是提前 3～5 天收到还款提醒短信的占比最大，达 55%，而就满意度而言，提前 6～10 天收到短信的受访者平均满意度最高，达 5.48 分；其次是 11～20 天；最后是当天。提前一周以上能给用户充分的时间准备好还款资金，还款当天再次发送短信也提醒了用户防止遗忘，更为体贴和人性化。

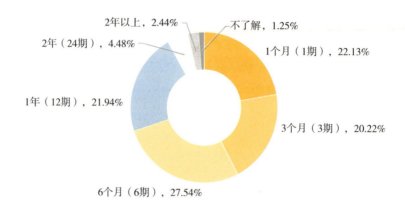

图6–18　还款周期选择比例

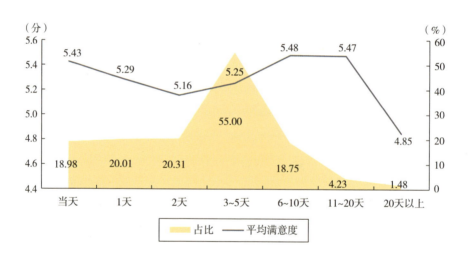

图6–19　还款短信提醒提前天数占比和平均满意度

3. 还款各环节满意度

如图6–20所示，用户对还款方式整体的满意度较低，而对还款短信及时性的满意较高，各消费金融品牌应为用户提供更全面的还款途径，以迎合具有不同支付习惯的用户。比较不同地域人群，农村地区对还款各环节的满意度偏低。

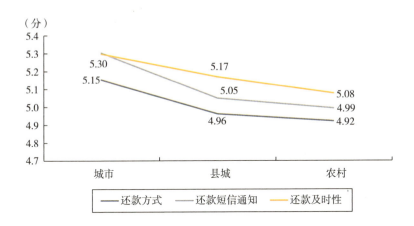

图 6 – 20 不同地域人群对还款各环节的满意度

（四）逾期

1. 逾期情况

如图 6 – 21 所示，大多数人没有产生逾期行为，不到 20% 的受访者有 10 天以内短暂的逾期行为，仅约 10% 的受访者会有较长时间逾期不还的行为。

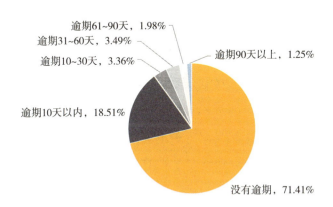

图 6 – 21 不同逾期情况比例

从表 6 – 11 中可以看到，发生逾期的原因有 58.29% 是意外忘记还款时间，26.04% 是意外变故导致没有足够的钱还款，25.12% 是过度消费超出了自己的经济能力所能承担范围导致还款能力不足，23.27%是设置了自动还款却因各种原因还款失败，16.36%是贷款利息等费用过高，还有3.46%是根本没有还款的意愿。各消费金融品牌应采取措施避免用户忘记还款，加强风险控制，对用户的经济能力和消费习惯进行严谨的评估，对自动还款可能出现的问题也要及时处理。

表6-11 不同逾期原因占比

逾期原因	占比（%）
意外忘记还款时间	58.29
出现意外变故（家庭原因或经营不善等）导致还款能力不足	26.04
过度消费导致还款能力不足	25.12
APP故障或账户余额不足导致自动还款失败	23.27
贷款利息等费用过高导致还款能力不足	16.36
不想还	3.46

对细分人群的逾期行为进行对应分析，如图6-22所示，没有逾期和逾期在10天以内的信用较好的用户多是在一、二线城市的城市人口，学历在大学本科水平，职业多是企业中层管理人员、私营企业主、律师、医生等专业人员和企业普通职员。而逾期时间较长的人群，多为三线城市的农村县城人口，学历在大学专科水平，从事服务业和农林牧渔业。对应分析的结果更好地印证了，消费金融品牌应对用户的职业、生活地、学历等信息加强利用，从而更好地控制风险。

2. 用户对逾期处罚手段的认识

一般情况下，对于用户逾期行为主要有收取额外的罚息、个人征信产生不良记录、无法享受贷款优惠、情节严重被法院起诉这四种惩罚手段。主要考察用户对它们的了解程度和作用力度的感知。如图6-23所示，用户对逾期罚息不够重视，不仅了解程度偏低，且作用力度小，而用户非常在意个人征信，更可能为了规避个人征信上不良记录的产生而及时还款。各消费金融品牌应向用户说明清楚逾期罚息这一概念，增强用户对它的了解程度以及规避逾期的作用力度。

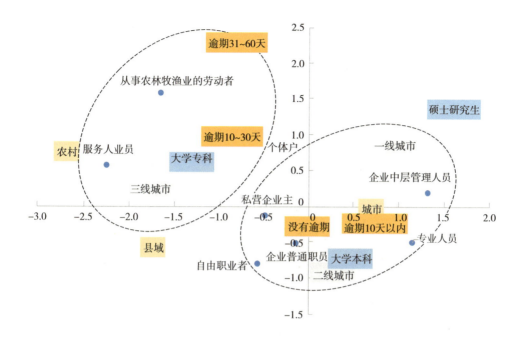

图 6 – 22 逾期情况对应分析

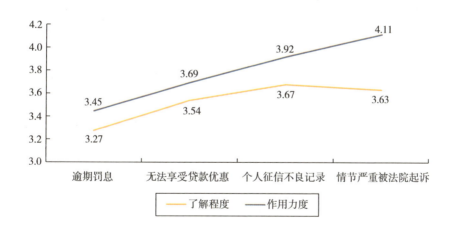

图 6 – 23 用户对逾期处罚手段的了解程度和作用力度

比较不同城市级别，如图 6 – 24 所示，城市级别越高，用户对各项逾期处罚手段的了解程度越高。

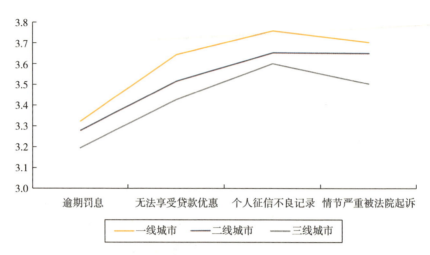

图 6 – 24　不同城市级别人群对不同逾期处罚手段的了解程度

比较不同职业人群，如图 6 – 25 所示，学生和自由职业者对逾期处罚手段的了解程度显著低于平均水平，企业中高层管理者对各项逾期处罚手段的了解最为清楚。

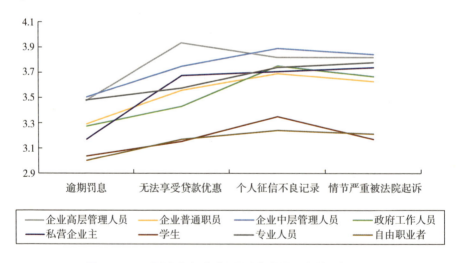

图 6 – 25　不同职业人群对不同逾期处罚手段的了解程度

（五）投诉情况

整体而言，有 11.66% 的被调查者表示有过投诉行为，他们对投诉渠道畅通性和投诉处理结果的满意度较高，平均满意得分分别为 4.67 分和 4.64 分，但对投诉渠道数量和投诉处理及时性的满意度较低，平均满意得分分别为 4.43 分和 4.80 分。可见在投诉渠道数量方面，各消费金融品牌仍有进一步提升的必要。

比较不同性别的投诉情况，如表 6 – 12 所示，男性投诉的人数比例更大，为 14.90%，而女性为 8.75%。男性对整体投诉处理的满意得分偏低，为 4.43 分，而女性达 4.80 分。男性比女性更经常投诉，且对投诉的处理更为挑剔。

表 6 – 12   不同性别投诉占比和平均满意得分

性别	投诉所占比例（%）	平均满意得分
男	14.90	4.43
女	8.75	4.80

比较不同年龄人群的投诉情况，如图 6 – 26 所示，年龄越大，有过投诉行为的人比重越大，25 ~ 34 岁年龄段的人对投诉处理的满意度较高，而 18 ~ 24 岁和 35 ~ 49 岁年龄段的人更为不满意。

（六）个人信息保护与平台安全

在平台个人信息的保护方面，有 31.36% 的被调查者表示个人信息疑似被消费金融平台泄露，因此，收到了垃圾短信，被调查者整体对隐私保护的平均满意度为 4.99 分，较为满意。在平台安全性方面，有 12.06% 的被调查者表示经历过较少（一次）安全问题，2.37% 的人表示经历过两次及以上的安全问题。如表 6 – 13 所示，首先出现次数最多的安全问题是个人信息被修改，达到 40.64%；其次是个人信息被冒名在其他分期平台上注册、贷款，达到 37.90%；最后，其他的问题如被盗刷、账号被盗、密码被篡改的问题也不在少数。可见，安全问题依然是各消费金融品牌不能忽视、有待改进的一方面。

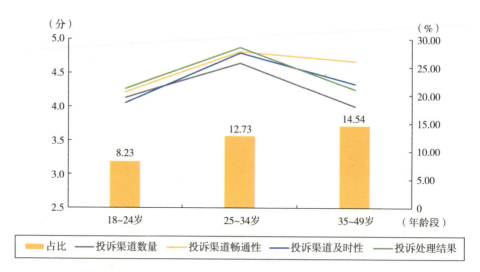

图 6 – 26　不同年龄人群的投诉占比和对投诉渠道的满意得分

表 6 – 13　不同安全问题出现的占比

安全问题类别	占比（%）
个人信息被修改	40.64
个人信息被冒名在其他分期平台上注册、贷款	37.90
被盗刷	22.37
账号被盗	20.55
密码被篡改	19.18
其他	2.28

五、不同消费者的品牌忠诚分析

（一）品牌满意度

受访者使用品牌的平均满意水平是 5.344。其中，女性群体的满意度均值显著高于男性，如表 6 – 14 所示。生活在城市的群体对消费金融品牌的平均满意度最高，生活在农村和县城的群体满意度较低，分别为 5.27 和 5.05，如表 6-15 所示。

表 6-14　不同性别人群品牌满意度得分

性别	品牌满意度（分）
男	5.28
女	5.41

表 6-15　不同地域人群品牌满意度得分

地域	品牌满意度（分）
城市	5.40
县城	5.05
农村	5.27

如图 6-27 所示，随着受教育程度的增加，品牌满意度基本呈逐渐增高的趋势，初中及初中以下学历人群的平均品牌满意度最低，为 3.76，而最高的博士学历人群的平均品牌满意度达 5.55。

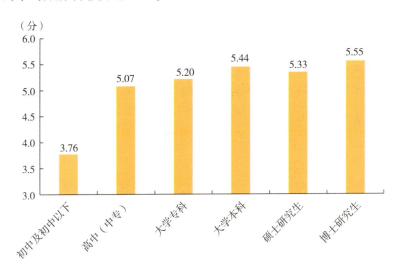

图 6-27　不同学历人群的平均品牌满意度得分

如图 6-28 所示，职业越稳定，薪资水平越高的人群，品牌满意度也越高，企业高层管理者的品牌满意度最高，达 5.56，而从事服务业的人群的品牌满意度最低，仅 4.96。

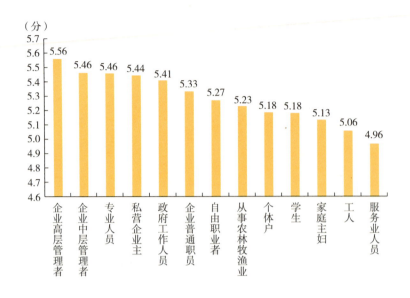

图 6-28　不同职业人群的平均品牌满意度得分

（二）重复购买

在品牌重复购买方面，未来一段时间内受访者愿意再次使用消费金融品牌产品的平均水平为 5.39。与品牌满意度相似，女性的重复购买意愿比男性高，如表 6-16 所示；城市人群的重复购买意愿最高，平均水平为 5.48，如表 6-17 所示。

表 6-16　不同性别人群重复购买意愿

性别	重复购买意愿
男	5.32
女	5.45

表 6-17　不同地域人群重复购买意愿

地域	重复购买意愿
城市	5.48
县城	5.24
农村	4.97

如图 6-29 所示，对于不同教育背景的人群，大学本科、硕士、博士这类高

学历群体更愿意再次购买使用消费金融品牌产品，用户黏性较高；而初中、高中、大专学历的人群重复购买的意愿较低。

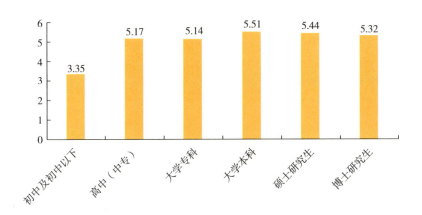

图6-29　不同学历人群的重复购买意愿

如图6-30所示，职业越稳定、薪资水平越高的群体，更愿意重复购买。

图6-30　不同职业人群的重复购买意愿

（三）产品敏感度

考察用户在消费金融产品的利率、授信额度和期限三方面分别有更优的品牌可以选择时，选择仍然继续使用现在正在使用的品牌的意愿，即间接地通过衡量用户对利率、授信额度和期限的敏感度来反映用户对某一消费金融品牌的忠诚度，敏感度越高，则忠诚度越低。整体而言，首先是受访者对期限最为敏感，平均水平为2.38；其次是利率，平均水平为2.34；最后是授信额度，平均水平为2.24。

如图6-31所示，对于不同地域人群，城市人口对利率、授信额度和期限的敏感度都明显低于县城和农村。

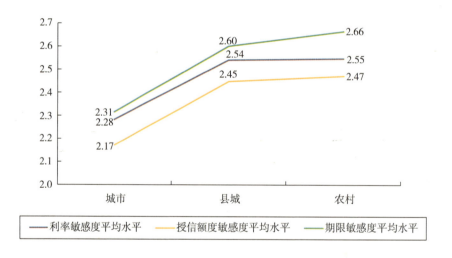

图 6-31 不同地域人群对利率、授信额度、期限的敏感度

如图6-32所示，学历越高的人群，敏感度越低，对某一品牌更忠诚。

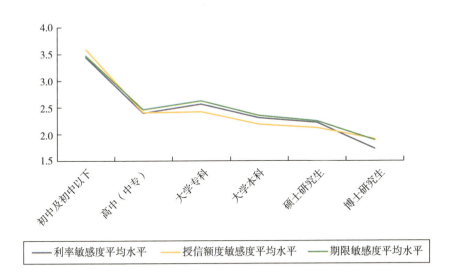

图6-32　不同学历人群对利率、授信额度、期限的敏感度

如图6-33所示，职业越稳定、薪资越高的人群的敏感度越低。其中，企业高层管理者的敏感度显著低于其他职业人群，从事服务业的群体最为敏感，对品牌的忠诚度最低。

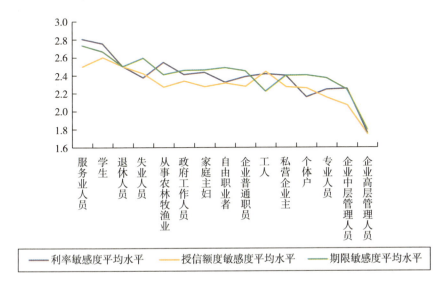

图6-33　不同职业人群对利率、额度、期限的敏感度

六、消费金融使用者典型人群细分

（一）典型人群

消费金融使用者按其使用体验可聚合为五类，分别为"利率非敏感客群""满意度较高客群""高收入高消费客群""爱投诉客群""年轻低收入客群"。整体来看，"高收入高消费客群"和"满意度较高客群"较优质，多为一线城市30 岁以上人群，以企业中层管理人员和企业普通职员为主，对消费金融的认识和使用经验均较好，对自己选择的消费金融品牌满意度也较高。年轻低收入客群属于潜力上升中的客群，需做好培养；而"爱投诉客群"和"利率非敏感客群"则需要品牌方注意经营和挽回如表 6 - 18 所示。

表 6 - 18　消费金融的五种典型人群属性

	利率非敏感客群	满意度较高客群	高收入高消费客群	爱投诉客群	年轻低收入客群
一般属性					
占比（%）	23.1	33.7	9.7	9.9	23.5
性别（男）（%）	50.9	47.6	38.1	64.0	40.6
平均年龄	28.3	28.9	29.7	29.6	24.6
城市级别	一、二线	一、二线	一、二线	一、二线	二、三线
家庭所在地	城市	城市	城市	城市	城市、县城、农村
消费金融属性					
申请额度	7242	9817	67829	15413	6010
审批额度	10208	12393	71360	20119	9254
授信比例（%）	140.1	126.2	105.2	130.5	154.0

续表

	利率非敏感客群	满意度较高客群	高收入高消费客群	爱投诉客群	年轻低收入客群
是否逾期（%）	10.5	31.8	31.3	68.7	23.8
有无投诉（%）	0	0	12.9	100.0	2.2
有无信息泄露（%）	18.8	26.5	27.9	83.3	30.3
其他属性					
品牌选择 TOP5	蚂蚁花呗 京东白条 招商银行掌上生活 工商银行融e购 唯品花	易分期 中国建设银行 善融商务 宜人贷 滴水贷 海尔消费金融	湖北消费金融 宜人贷 哈银消费金融 陆金服 工商银行融e购	万达贷 湖北消费金融 海尔消费金融 京东首付游 招商银行掌上生活	蚂蚁花呗 京东白条 唯品花 捷信消费金融 马上消费金融
职业 TOP3	企业中层管理人员 企业普通职员 事业单位	企业中层管理人员 企业普通职员 专业人员	企业中层管理人员 企业普通职员 专业人员	企业中层管理人员 企业普通职员 专业人员	学生 企业普通职员 私营企业主
场景	数码3C 日常用品 家电	数码3C 日常用品 家电	装修/家居 汽车 旅游	数码3C 家电 汽车	数码3C 日常用品
使用时间	两年以上	两年以上	两年以上	两年以上	一年以下
整体满意度评分	5.1	5.5	5.5	4.8	5.0

（二）典型人群特征分析

1. 利率特征

利率非敏感人群大部分表示不清楚利率高低，该部分人群金融知识薄弱，利率敏感度低，更易成为风险高发人群。满意度较高客群和高收入高消费客群普遍会关注贷款利率，有意识地选择低利率产品，该部分客群满意度较高、贷款水平较高，属于各品牌应该关注的价值人群。热衷投诉客群普遍的贷款利率较高，高利率与高逾期率、高投诉率、低满意度水平不无关系。年轻低收入客群热衷于寻到零利率贷款的同时，该群体中很大一部分人对利率水平了解程度较低如表6–

19 所示。

表 6 – 19　各典型人群使用消费金融利率　　　单位:%

类别	利率非敏感客群	满意度较高客群	高收入高消费客群	爱投诉客群	年轻低收入客群
零利率	6.27	5.07	0.68	3.33	7.00
0 ~ 10①	23.65	45.03	29.93	26.00	27.45
10 ~ 20	13.68	21.83	32.65	28.00	11.20
20 ~ 30	3.42	8.19	6.80	15.33	3.92
30 ~ 40	0.85	3.12	5.44	10.67	2.80
40 ~ 50	0.28	1.17	3.40	6.67	1.12
50 以上	0.28	0.78	0.68	2.67	0.56
不清楚利率水平	51.57	14.81	20.41	7.33	45.94

2. 收入特征

超过 90% 的"年轻低收入客群"收入在 6000 元以下，其中 40% 在 3000 元以下，结合该部分人群中有很大一部分不清楚利率，该客群风险较大；"爱投诉客群""满意度较高客群"与"利率非敏感客群"的收入峰值段一致，这三个客群大部分消费者的收入在 6000 ~ 10000 元，但"利率非敏感客群"的高收入段人群比例较多；"高收入高消费客群"收入在 25000 元以上的比例最高，达到了 12.2%，其他四类典型客群里最高则不超过 3.5% 如图 6 – 34 所示。

3. 额度和授信比例特征

"高收入高消费客群"的平均申请额度和审批额度显著高于其他类客群，高达 60000 ~ 70000 元，同时授信比例也最低，仅 1.052，基本达到供需平衡。与额度相对应，他们使用消费金融的场景多是金额更大的装修、汽车和旅游，而其他客群多是数码 3C、日常用品，金额较小。"爱投诉客群"的平均申请额度和审批额度在 15001 ~ 20000 元；"满意度较高客群"的平均申请额度和审批额度在 3001 ~

---

① 0 ~ 10% 表示大于 0 小于等于 10% 的利率范围。

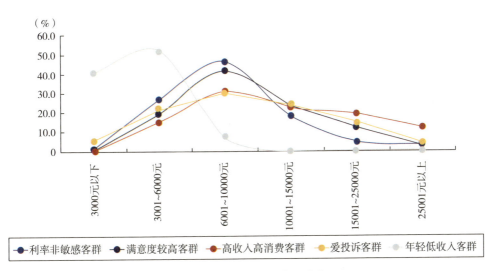

图 6 – 34　各典型人群收入分布

6000 元，授信比例分别为 1.305 和 1.262；"利率非敏感客群"和"年轻低收入客群"的额度偏低，申请额度在 6000～7000 元，授信比例偏高，分别为 1.401 和 1.54，这部分人群不会把全部额度都利用起来，表现为更谨慎保守如图 6 – 34 所示。

4. 其他特征

在逾期、投诉、信息泄露这三方面，"爱投诉客群"与其他客群形成了显著的差异。68.7% 的高逾期率、100% 的投诉率以及 83.3% 的信息泄露发生率，都远远高于其他客群，这部分人群的消费金融使用体验较差，导致整体满意度评分偏低，是五个客群中最低的，仅 4.8 分。

七、消费金融使用者品牌感知质量影响因素分析

（一）总体影响因素

如图 6 – 35 所示，计算品牌整体感知质量与 22 个细分指标的皮尔森相关系

数。其中，授信比例水平和利率水平与感知质量呈负相关关系，即授信比例水平越低，感知质量越高；年化利率越低，感知质量越高。另外的 20 个细分指标都与感知质量呈正相关关系，尤其是运行安全性和认证安全性，相关系数较高，分别为 0.77 和 0.76，可见其重要性。

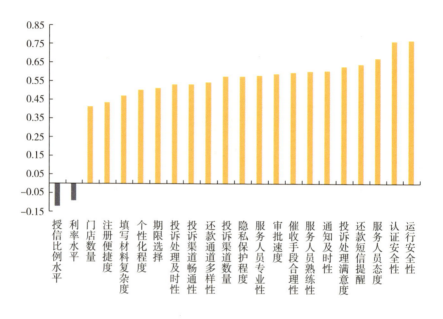

图 6 - 35　品牌感知质量与各变量的皮尔森相关系数

进一步，我们以品牌整体感知质量为因变量，以审批速度、授信比例等 22 个细分指标为自变量建立多元线性回归模型。结果显示，模型整体是显著的（F 检验的 p 值小于 0.001），各细分指标对品牌感知质量起到很好的解释作用，可以用此模型分析消费者品牌感知质量的影响因素。

由回归系数图 6 - 36 可知，品牌运行安全性、认证安全性、服务人员态度、投诉处理满意度系数为正且显著，即在控制其他变量不便的情况下，提高品牌运行安全性、认证安全性等均能提高消费者的品牌感知质量。因此，各品牌需注重改善这些环节的消费者体验，从而有助于维系客户对产品的长期使用。同样的门店数量、服务人员专业性等对提升消费者品牌感知质量可能不会达到很好的效果。

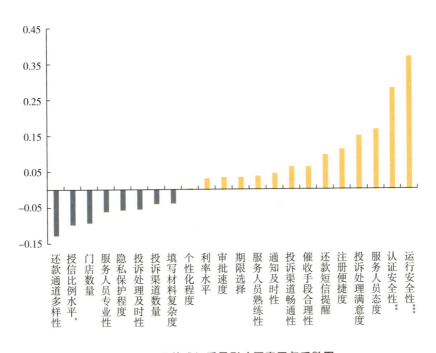

图6－36　品牌感知质量影响因素回归系数图

注：＊表示 p≤0.01，＊＊表示 p≤0.05，＊＊＊表示 p≤0.1。

（二）不同人口统计特征影响因素差异

在细分人群的情况下，考虑消费金融使用者品牌感知质量满意度的影响因素。我们对消费者分性别、年龄、职业、所在城市级别、消费金融使用时间、消费金融使用次数的品牌感知质量满意度得分进行方差分析检验，结果显示，不同地域、学历、职业的群体对品牌感知质量满意度有显著差异（p值为0.05），故对这三类群体的影响因素进行深入分析。

1. 地域

由不同地域人群品牌感知质量满意度 AIC 后的模型回归系数由图6－37可

知，对于农村群体，品牌的认证安全性、审批速度、服务人员熟练性、运行安全性对他们品牌感知质量的满意度有显著的正向影响，也即提升他们对于这些指标的满意度，能提高对品牌感知质量的整体满意度；还款通道的多样性则对满意度有显著的负向影响，提高消费者对这些指标的满意度对提升其品牌感知质量满意度的作用较小。同理可知县城、城市的消费金融使用者品牌感知质量满意度的影响因素。

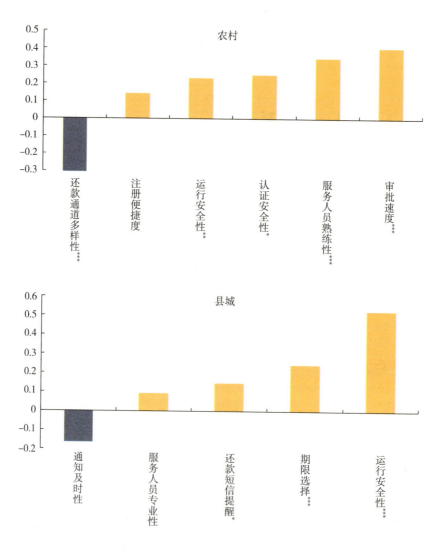

图 6-37　不同地域人群品牌感知质量满意度显著影响因素系数图

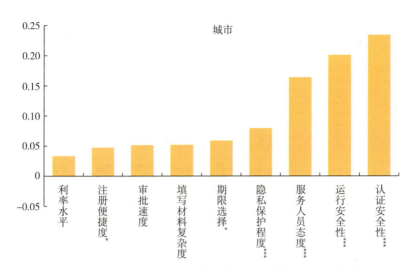

图 6 - 37 不同地域人群品牌感知质量满意度显著影响因素系数图（续）

注：＊表示 p≤0.1，＊＊表示 p≤0.05，＊＊＊表示 p≤0.01。

分析不同地域人群品牌感知质量满意度影响因素的异同，平台运行的安全性对各地区的消费金融使用者品牌感知质量的满意度都有显著的正向影响，各品牌应加强平台的维护，给使用者提供放心安全的消费环境。对于农村群体来说，审批速度、服务人员熟练性对其品牌感知质量的满意度也有显著的影响，说明这类群体由于其自有资金不足等原因，对消费金融的时效性要求较高，希望能够在最短时间内取得贷款；对于县城群体，还款短信提醒与期限选择对其最终品牌感知质量的满意度影响较为显著；对于城市群体来说，这类群体更加注重服务质量与信息的保护，消费金融产品的服务人员态度、隐私保护程度对其品牌感知质量满意度影响显著。这部分群体作为消费金融产品主要使用者，消费金融品牌应当优化自身服务质量与隐私保护力度，进而吸引这部分消费者。另外，对于城市人群，能显著影响其品牌感知质量满意度的因素全部为正，说明这些群体具有较高的潜在价值，品牌能从不同的角度提升他们对品牌整体感知质量的满意度，进而增强客户黏性，发展成为更加优质的客户。

2. 学历

由不同学历人群品牌感知质量满意度有显著影响因素的回归系数图 6 - 38 可

知，对于大学专科，品牌平台运行的安全性、服务人员态度、审批速度、隐私保护程度、填写材料复杂度对他们品牌感知质量的满意度有显著的正向影响，也即提高他们对于这些指标的满意度，能提高对品牌感知质量的整体满意度；服务人员专业性、还款通道多样性的系数显著为负，也即对服务人员专业性、还款通道多样性的评价越高，他们对于品牌感知质量的满意度越低，且影响程度较大。提升这两个方面的满意度对于大学专科人群的消费金融品牌感知质量满意度不会有帮助。同理可知，大学本科、硕士的消费金融使用者品牌感知质量满意度的影响因素。

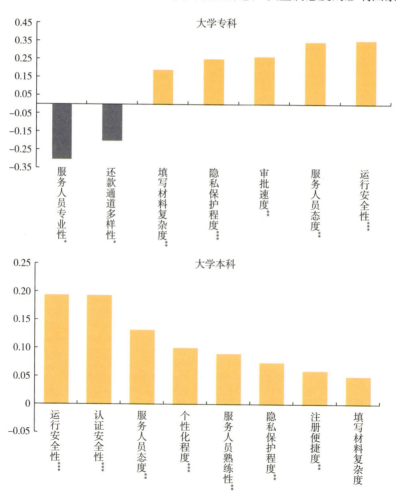

图6-38　不同学历人群品牌感知质量满意度显著影响因素系数图

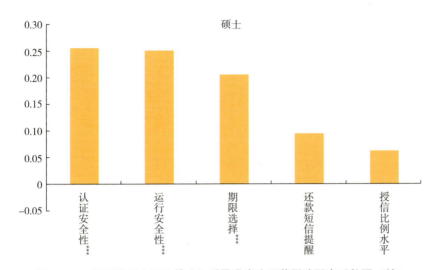

图 6－38　不同学历人群品牌感知质量满意度显著影响因素系数图（续）

注：＊表示 p≤0.1，＊＊表示 p≤0.05，＊＊＊表示 p≤0.01。

　　分析不同学历人群品牌感知质量满意度影响因素的异同，品牌平台运行的安全性对于不同职业的消费金融使用者品牌感知质量的满意度都有显著的正向影响，各品牌应加强平台的维护，给使用者提供放心安全的消费环境。对于大学本科和硕士群体而言，平台认证的安全性对其整体的品牌感知质量满意度影响也较大，说明这部分学历较高人群在使用消费金融时，首要考虑因素是安全，品牌给予消费者越多的安全感，消费者对品牌质量感知的满意度就会越高。对于大学专科和大学本科群体而言，服务人员态度对整体品牌感知质量满意度影响显著。对于大学专科人群来说，审批速度、填写材料复杂度对其品牌感知质量满意度的影响是显著的，说明加快审批速度、降低材料复杂度能整体提高大学专科群体对于品牌感知质量的满意度。

　　此外，服务人员专业性与还款通道多样性显著性较高且系数为负，说明提高服务人员专业性与还款通道多样性不会提高该群体整体品牌感知质量满意度。对于大学本科群体，个性化程度、服务人员熟练性、注册便捷度对其品牌感知质量的满意度有较大影响。对于硕士群体，期限选择是一个显著的正向影响因素，说明对于这类群体，增加期限选择的多样性能提升其整体满意度。

3．职业

由不同职业人群品牌感知质量满意度有显著影响因素的回归系数图6－39可知，对于政府人员，个性化程度、门店数量、服务人员专业性等因素消费对他们品牌感知质量的满意度有显著的正向影响，也即提高他们对于这些指标的满意度，能提高对品牌感知质量的整体满意度；审批速度与感知质量满意度呈显著的负相关关系，也即利率越高，他们对于品牌感知质量的满意度越低，且影响程度较大。同理可知企业中层管理人员、企业普通职业、专业人员、学生等的消费金融使用者品牌感知质量满意度的影响因素。

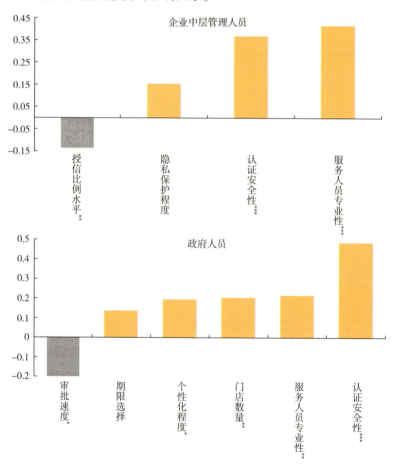

图6－39　不同职业人群品牌感知质量满意度显著影响因素系数图

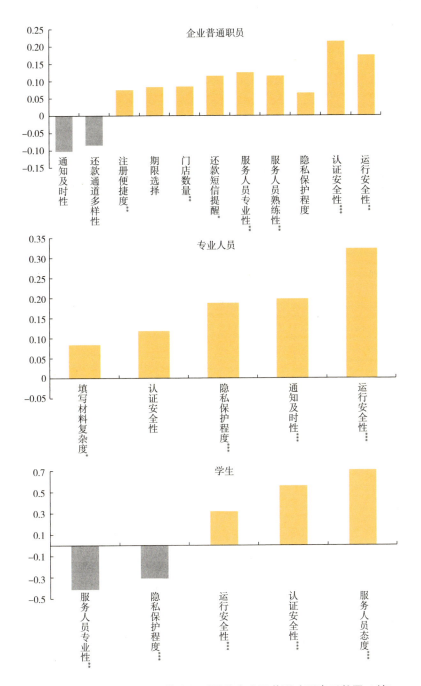

图6-39　不同职业人群品牌感知质量满意度显著影响因素系数图（续）

注：＊表示 p≤0.1，＊＊表示 p≤0.05，＊＊＊表示 p≤0.01。

分析不同职业品牌感知质量满意度影响因素的异同。认证安全性对政府人员、企业普通职员、学生的品牌感知质量满意度都有显著的正向影响，同样地运行安全性对企业普通职员、学生的品牌感知质量满意度也都呈显著性正向影响。说明对于各职业使用者而言，安全是其首要考虑的因素，品牌给予消费者的安全感能够显著提高消费者对品牌质量感知的满意度。服务人员专业性对政府人员、企业中层管理人员、企业普通职员、学生有显著的正向影响，提高服务人员专业程度能提升这部分人的整体品牌，感知满意度。对于政府人员与企业普通职员，门店数量对其品牌感知质量满意度有显著正向影响，增加门店数量能够提升这部分人群的感知质量满意度。对于政府人员，提升审批速度不会提高这部分人群的总体感知满意度。对于中层管理人员，授信比例水平对其总体的品牌感知满意度有显著性的负向影响，可能原因是这部分人群收入较高，对于授信比例水平的在意程度较低。对于企业普通职员，通知及时性与还款通道多样不会提高其对品牌总体感知价值的满意度。此外，还款短信提醒，服务人员熟练性能够显著提高这部分人群对品牌整体感知价值的满意度。对于专业人员，填写材料复杂度，通知及时性对其品牌感知价值满意度有显著正向影响。对于学生而言，服务人员专业性、隐私保护程度不会提升其整体感知价值满意度，可能原因在于学生自身对消费金融熟悉程度较低，对隐私的保护意识较弱。

八、消费金融使用者品牌忠诚影响因素分析

如图 6 - 40 所示，因为品牌忠诚度与品牌整体感知质量满意度之间的皮尔森相关系数高达 0.822，所以品牌忠诚度和品牌整体感知质量相似，与 22 个细分指标具有一定的相关关系。其中，"利率水平"和"授信比例水平"分别与品牌忠诚度呈负相关关系，其他 20 个指标与品牌忠诚度呈正相关关系，"运行安全性"

和"认证安全性"仍然是相关系数最大的两个指标。

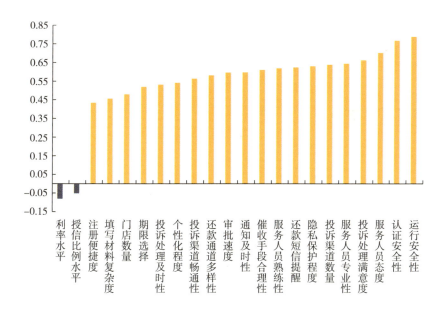

图 6-40　品牌忠诚度与各变量的皮尔森相关系数图

如图 6-41 所示，进一步以品牌忠诚度为因变量，22 个细分指标为自变量做多元线性回归分析，得到"运行安全性""认证安全性""投诉处理满意度"和"服务人员态度"这四个变量对提高品牌忠诚度具有显著影响，这四个变量也正是与品牌忠诚度的皮尔森相关系数从大到小排序的前四个。通过回归模型，我们可以进一步判断，首先是提高运行安全性对提高品牌忠诚度的作用效果最为明显；其次是认证安全性；再次是改善投诉处理的满意度；最后是要提高服务人员的态度。

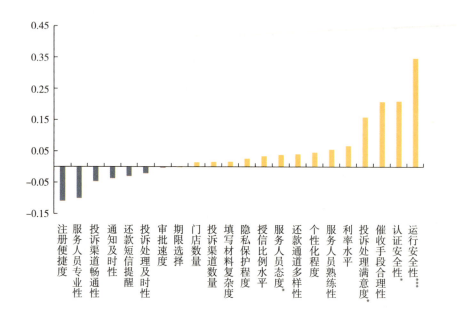

图 6 –41　品牌忠诚度与各变量的回归系数图

注：＊表示 p≤0.1，＊＊＊表示 p≤0.01。

九、本章小结

（一）消费金融使用人群广泛，使用频率呈增大趋势

在地域分布方面，消费金融使用人群主要集中在广东、北京、上海和江苏等经济发达地区的城市人口；在年龄方面，基本都在 50 岁以下，其中 35 岁以下的青壮年占比近九成。相比 2017 年，消费金融的使用频率和时长都明显增多，虽然使用到 5 次的人群占比依然最大，但是使用 6 次以上的人群占比显著增加了。相应地，人们知晓和使用过的消费金融品牌也增多了。

（二）各消费金融品牌扎根目标市场，吸引不同细分人群

尽管头部消费金融品牌，如"蚂蚁花呗""京东白条"等，在各个细分人群中都占有绝对的优势，但是其他一些消费金融品牌在特定细分人群中依然有一定的用户基础。"微粒贷"和"百度有钱"在男性市场上占据了不少的份额，而女性更多地使用"唯品花""中银消费金融""爱钱进等品牌"；"苏宁消费金融""百度有钱""中银消费金融"在城市地区的使用率也较高，而"微粒贷""360分期""拍拍贷"在农村地区的使用情况更乐观。不同品牌系列之间也存在明显的用户群体差异，电商系的用户集中在 18～24 岁的年轻学生一族，而银行系、互金系和持牌系的用户群体重合度较大。

（三）定位消费者特征群体，不同典型人群的使用习惯有差别，各平台要提供更多针对性的服务

"高收入高消费客群"和"满意度较高客群"较优质，多为一线城市 30 岁以上人群，以企业中层管理人员和企业普通职业为主，对消费金融的认识和使用经验均较好，大多都选择 20% 以下的低利率消费金融产品，对自己选择的消费金融品牌满意度较高，用户黏性也较高，属于各品牌应该关注的价值人群。"年轻低收入客群"属于潜力上升中的客群，对利率不够清楚，较多使用零利率的产品，各品牌需做好培养；"爱投诉客群"的贷款利率普遍较高，同时伴随高逾期率、高投诉率、低满意度水平表现，需要品牌方注意经营和挽回。"利率非敏感客群"则需要品牌方注意经营和挽回。"利率非敏感人群"大部分表示不清楚，不关心利率，该部分人群金融知识薄弱，更易成为风险高发人群。

（四）提高系统安全性、改善投诉处理和服务人员态度等，能有效提高消费金融使用者的品牌满意度

不同细分人群的品牌体验各环节满意度不同。使用消费金融额度较高的企业

中高层等人群，满意度较高；投诉受理情况整体波动较大，且在投诉受理各分项中，消费者对投诉渠道数量的满意度最差；在系统安全方面，出现各种各样的安全问题也造成了用户的低满意度。综合各群体的表现，可以发现提高系统安全性、改善投诉处理情况、改善服务人员态度、提高还款短信及时性、丰富期限选择，能有效提高消费者对品牌感知质量的满意度，各品牌应加强对这些变量指标的关注，以最大程度地改善消费者的品牌体验。

第七章　消费金融使用环境洞察

本章探讨了 11 个消费金融场景的使用情况以及不同群体消费场景的使用率，并分析不同系别品牌与消费场景的对应情况。另外，我们还选取前 9 个使用率最高的消费场景对其流程、产品、服务、平台安全等评价感知质量方面的细分指标和品牌满意度、重复购买等评价品牌忠诚的细分指标进行分析。本书全方位地洞察各场景在不同细分环节方面的表现。

一、不同场景的品牌使用率对比

本次研究涉及消费金融的 11 个场景，如图 7-1 所示，首先是在数码 3C 场景下使用消费金融品牌的人数最多，占比 35.72%；其次是日常用品、家电、装修/家居场景，分别占比为 19.03%、9.18%、8.04%，皆为目前消费金融的热门场景；汽车、旅游、教育/培训、租房和医疗/医美，分别占比为 6.70%、5.83%、5.23%、4.42%、4.16%，此类场景热度一般；最后，婚庆、农业场景分别占比为 0.94%、0.74%，此类较为冷门。

如图 7-2 所示，在十一个消费金融场景中，男女均有使用，说明目前消费

图 7 - 1　消费金融场景使用情况

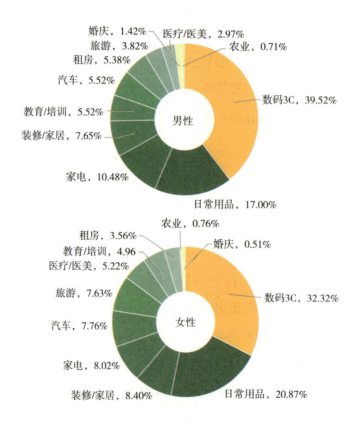

图 7 - 2　不同性别消费金融场景使用情况

金融在男性、女性中均有一定程度的普及。数码 3C、日常用品、家电和装修/家居是男性和女性使用消费金融占比均较多的四个场景。

如图 7-3 所示反映男性和女性在不同消费场景行为的差异性,女性在日常用品旅游、医疗/医美和汽车场景下使用消费金融服务的比例要高于男性,而相比于女性,男性在数码 3C、家电和租房场景下会更多地使用消费金融服务。

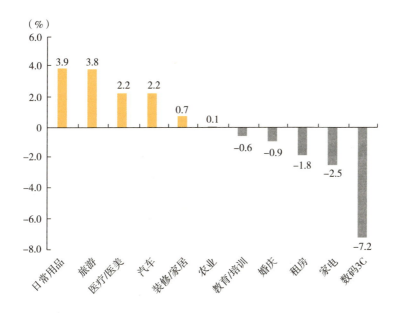

图 7-3　男性与女性场景使用率占比差异

注:图中纵轴是女性各场景使用率与男性各场景使用率之差,使用率差为正则代表该场景女性使用率高于男性,使用率差为负则相反。

如图 7-4 所示,从整体来看,数码 3C 和日常用品是三个年龄段使用最多的两个消费金融场景,婚庆和农业则均涉及较少。

随着年龄的增长,数码 3C、日常用品、教育/培训、租房和医疗/医美消费场景的人数占比逐渐减少,而汽车、家电和旅游消费场景的人数占比逐渐增加,反映出不同年龄段群体不同的消费需求和特点,年轻人为了满足自身需求会借助消费金融服务，符合年轻人提前消费的特点，而由于稍微年长群体已建立家庭，个人消费更多地转向家庭消费，中年群体随着时代的改变也开始注重精神消费。

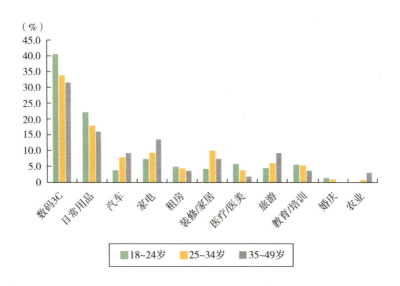

图 7-4　不同年龄段群体消费金融场景使用情况

二、消费场景各环节对比分析

（一）不同系别品牌与消费场景对应分析

如图 7-5 所示，电商系消费金融品牌通常提供日常用品的消费场景供消费者使用，以"蚂蚁花呗"为例，通过淘宝和天猫电商平台为消费者网络购物提供消费金融服务，对于日常用品的消费需求，消费者促进了电商系消费金融品牌的发展。

互金系和持牌系消费金融品牌用户主要在旅游、租房、医疗/医美、教育培训等场景下使用消费金融服务，由于互金系品牌和持牌系品牌背后无电商平台的支持，只能通过挖掘购物场景以外的消费金融场景来为消费者提供消费信贷。银行系品牌由于购物场景和其他场景都略有涉及，所以并未与某个场景联系比较紧密。

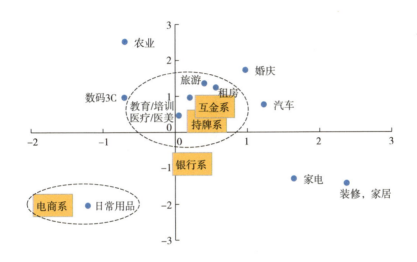

图7-5　消费场景对应分析

（二）各场景细化指标对比

本书选取前七个使用率最高消费场景进行各场景细化指标对比分析。

1. 贷款易得性

各场景的贷款易得性是从线下申请渠道充足性、注册便捷度和填写材料简单程度三个方面来进行比较的。如图7-6所示，就线下申请渠道充足性而言，首先是旅游场景下的消费金融服务申请渠道最为充足；其次是日常用品和数码3C消费场景；最后，线下申请渠道充足性最低的则是租房场景，因为租房场景下的消费金融服务大多都是由互金系品牌提供，互金系品牌线下申请渠道较少。

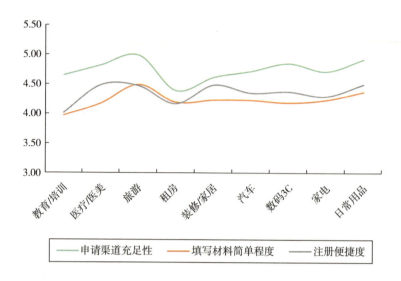

图 7 – 6　各场景贷款易得性对比

从填写材料简单程度和注册便捷度来看，旅游场景和日常用品场景下的贷款服务填写材料和注册流程比较简单，装修/家居、医疗/医美和教育/培训的注册流程相对来说较为复杂，可能是由于这三类场景的消费额度较大，消费金融品牌需要对用户的信息了解比较多，才能放心贷款给用户。

2. 审批服务

如图 7 – 7 所示，消费者对旅游、数码 3C 和日常用品消费场景下贷款审批速度的满意度较高，旅游场景的消费分期服务逐渐成熟，而一般购物消费的申请额度较低且较为频繁，逾期现象较少，故这些场景下的审批速度较快。另外教育/培训、租房、汽车和医疗/医美场景下的审批速度满意度得分较低，可能是由于教育/培训、租房和医疗/医美场景贷款申请额度较大，而这些场景下的风控体系尚不完备，审批速度较慢，所以消费者对其满意度不高。

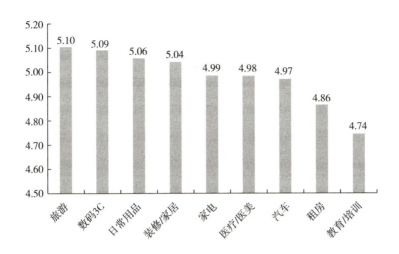

图7-7　各场景审批速度满意度对比

如图7-8所示，消费者对消费金融产品利率水平的关注度不高，除了汽车场景之外，其他场景下不清楚利率的人数占比均在20%以上，其中日常用品场景39.44%，医疗/医美、数码3C和教育/培训场景也都超过了30%以上。相比之下，汽车的平均利率较高，消费者对产品的利率水平更加关注，不清楚利率的人数占比比较少。

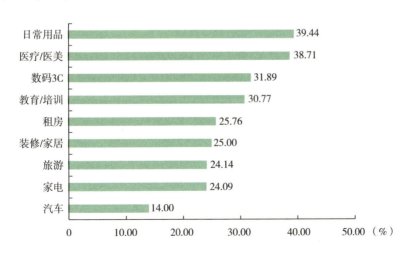

图7-8　各场景不清楚利率的人数占比

如图 7-9 所示，日常用品和数码 3C 的平均利率较低，零利率占比较大，与场景下申请额度低、分期时间短的特点，汽车和医疗/医美场景下消费额度大，分期时间长，故利率水平较高。购物性质场景下的利率水平整体偏低，从而满足普通消费者的购物需求。

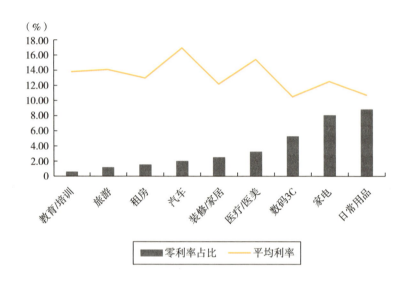

图 7-9　各场景平均利率及零利率占比

如图 7-10 所示，大多数消费者认为，各场景下产品的利率水平中等，在预期之内。与其他场景相比，租房和家电场景下认为，利率水平偏低的消费者占比要高一些，说明这两大场景下产品的利率还有提升的空间。虽然医疗/医美场景平均利率水平较高，但认为利率水平偏高的消费者占比最低，可能是因为与其他场景相比，医疗/医美更高端、专业，综合考虑消费者的心态，其在医疗/医美场景的预算更高。

3. 利率水平

如图 7-7 所示，消费者对旅游、数码 3C 和日常用品消费场景下贷款审批速度的满意度较高，旅游场景的消费分期服务逐渐成熟，而一般购物消费的申请额

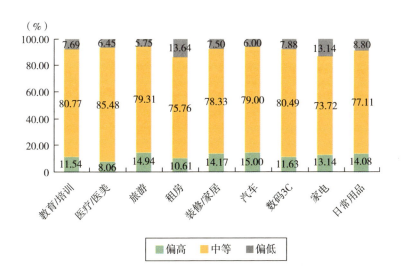

图 7 - 10　各场景利率水平感知占比

度较低且较为频繁，逾期现象较少，故这些场景下的审批速度较快。另外，教育/培训、租房、汽车和医疗/医美场景下的审批速度满意度得分较低，可能是由于教育/培训、租房和医疗/医美场景贷款申请额度较大，而这些场景下的风控体系尚不完备，审批速度较慢，所以消费者对其满意度不高。

4. 平台安全

如图 7 - 11 所示，教育/培训、汽车、租房和医疗/医美场景下用户个人信息泄露的情况较多，用户隐私保护满意度较低（见图 7 - 12），同时这些场景下用户也更容易发生诸如账号被盗等安全性问题，用户对其的安全性评价也比较低（见图 7 - 13）。而购物场景和装修/家居场景相对而言发生信息泄露和安全性问题比例要低一些。非购物类场景下的消费金融品牌应采取有效的隐私保护和安全维护措施，构建完善的信息保护系统，为消费者提供更安全、放心的消费。

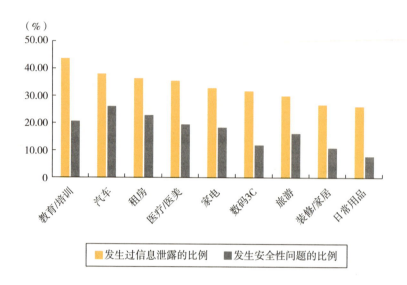

图7-11　各场景平台发生信息泄露和安全性问题的比例

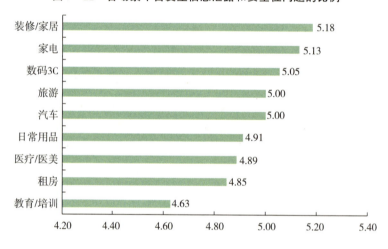

图7-12　各场景隐私保护满意度对比

5. 服务人员质量

如图7-14所示，整体来说，各场景下消费者咨询的占比较高，都超过了50%，说明消费者对消费金融产品了解程度普遍不高，需要向客服人员进一步咨询详情，所以各大消费金融品牌应重视提高服务人员的质量。

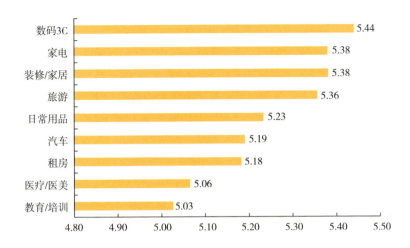

图 7-13　各场景安全性满意度对比

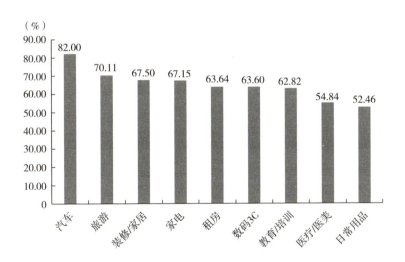

图 7-14　各场景消费者咨询占比

如图 7-15 所示，消费者对旅游、装修/家居、数码 3C、家电场景下的消费金融品牌的服务人员质量评价较高，而对医疗/医美、教育/培训和日常用品场景下的服务人员质量满意度较低，尤其是医疗/医美场景。医疗/医美场景下消费者申请贷款的额度通常较大，且消费者对于医疗/医美产品的消费态度比较犹豫，此时更需要平台服务人员给予专业的建议和指导，故此场景下的消费金融品牌更应加强服务方面的建设。

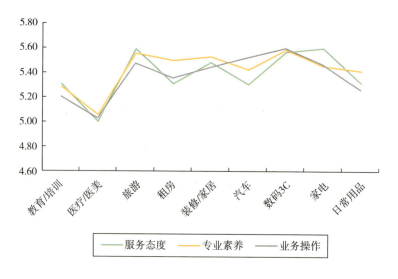

图 7 - 15 各场景服务人员质量对比

部分场景就整体来看，消费者对其消费金融品牌满意度较高，但具体来看，在服务人员的服务态度、专业素养和业务操作都分别有需要改进的地方，如虽然租房场景下的消费金融品牌专业素养满意度较高，但消费者对其服务态度和业务操作熟练度评价较低，这些品牌仍不能够忽视服务建设，针对自身评价较低之处进行改进，从而为消费者提供更贴心的服务。

6. 投诉情况

如图 7 - 16 所示，汽车、医疗/医美和教育/培训场景的投诉比例在所有场景中较高，这三个场景下消费金融品牌大多成立时间较短，很多方面不够系统和完善，故而投诉率较高。

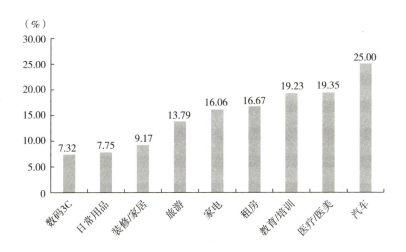

图 7 – 16　各品牌投诉比例

如图 7 – 17 所示，从消费者对各场景下消费金融品牌投诉处理的满意程度可看出，虽然旅游场景投诉率位于平均水平，但该场景下的消费金融品牌注重投诉受理，得到了消费者的认可，场景投诉处理各环节满意度均排名前列。各场景在投诉受理的不同环节的满意度得分有差异，租房场景在投诉处理结果上得分最高，其他的环节得分则较低；教育/培训投诉渠道畅通性得分较高，投诉渠道数量得分较低，其他一般，故应关注投诉渠道的建设。

7. 品牌忠诚

如图 7 – 18 和图 7 – 19 所示，消费者对数码 3C、家电、装修/家居场景下的品牌忠诚度更高，具体表现在这些场景下消费者对品牌的整体满意度较高，消费者重复购买和向他人推荐的意愿较强烈，消费者向竞争品牌转移的意向较低。而"医疗/医美"和"教育/培训"的品牌忠诚度则较低。"医疗/医美"和"教育/培训"是新挖掘的消费金融场景，发展时间较短，服务还有待完善，故它们的整体满意度较低。在这两个场景下，消费者的消费行为间隔时间较长，在选择品牌时，首要考虑产品的优惠程度，容易发生品牌转移，导致品牌忠诚度较低。

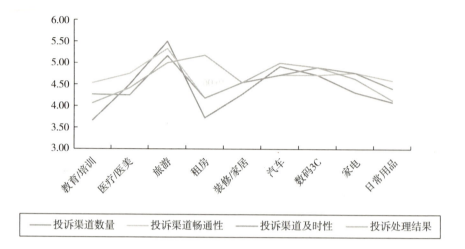

图 7 – 17　各场景下具体投诉受理环节满意度对比

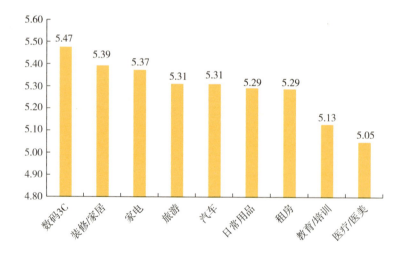

图 7 – 18　各场景下品牌整体满意度对比

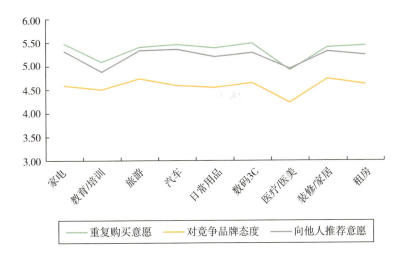

图 7－19　各场景下消费者重复购买意愿、向他人推荐意愿和对竞争品牌态度对比

三、本章小结

（一）消费金融场景概念普及，数码 3C、日常用品和家电场景是热门，场景使用有性别、年龄差异

本次研究的消费金融品牌共涉及 11 个场景，首先是在数码 3C 场景下使用消费金融品牌的人数最多，占比 35.72%；其次是日常用品、家电、装修/家居场景；最后婚庆和农业场景则较为冷门。

数码 3C、日常用品、家电和装修/家居是男性和女性使用消费金融均较多的四个场景。女性在日常用品旅游、医疗/医美和汽车场景下使用消费金融服务的比例要高于男性，而相比于女性，男性在数码 3C、家电和租房场景下会更多地使用消费金融服务。

数码3C和日常用品是三个年龄段使用最多的两个消费金融场景，婚庆和农业则均涉及较少。随着年龄的增长，数码3C、日常用品、教育/培训、租房和医疗/医美消费场景的人数占比逐渐减少，而汽车、家电和旅游消费场景的人数占比逐渐增加，反映了不同年龄段群体不同的消费需求和特点。

（二）不同系别消费金融品牌根据自身特点主要侧重发展的消费场景不同

由于电商平台的支持，电商系消费金融品牌通常提供日常用品的消费场景供消费者使用，互金系和持牌系消费金融品牌用户主要在旅游、租房、医疗/医美、教育培训等场景下使用消费金融服务，由于互金系品牌和持牌系品牌背后无电商平台的支持，只能通过挖掘购物场景以外的消费金融场景来为消费者提供消费信贷。由于银行系品牌购物场景和其他场景都略有涉及，所以并未与某个场景联系比较紧密。

（三）由于各场景消费金融产品性质不同，利率和利率水平感知有差别，消费者对利率关注度不高

日常用品和数码3C的平均利率较低，零利率占比较大，有场景下申请额度低、分期时间短的特点，汽车和医疗/医美场景下消费额度大，分期时间长，故利率水平较高。

购物性质场景下的利率水平整体偏低，从而满足普通消费者的购物需求。大多数消费者认为，各场景下产品的利率水平中等，在预期之内。与其他场景相比，租房和家电场景下认为，利率水平偏低的消费者占比要高一些，说明这两大场景下产品的利率还有提升的空间。

但消费者对消费金融产品利率的关注度却不高，除了汽车场景之外，其他场景下不清楚利率的人数占比均在20%以上，其中日常用品场景将近40%，医疗/医美、数码3C和教育/培训场景也都超过了30%。

（四）各场景下消费者对消费金融产品了解程度不高，服务人员质量评价不一

各场景下消费者咨询的占比较高，都超过了 50%，说明消费者对消费金融产品了解程度普遍不高，需要向客服人员进一步咨询详情。

消费者对旅游、装修/家居、数码 3C、家电场景下的消费金融品牌的服务人员质量评价较高，而对医疗/医美、教育/培训和日常用品场景下的服务人员质量满意度较低，尤其是医疗/医美场景。部分场景就整体来看消费者对其消费金融品牌满意度较高，但具体来看，在服务人员的服务态度、专业素养和业务操作都分别有需要改进的地方。

（五）各场景在投诉受理不同环节满意度得分有差异

汽车、医疗/医美和教育/培训场景的投诉比例在所有场景中较高，这三个场景下消费金融品牌大多成立时间较短，很多方面不够系统和完善，故而投诉率较高。虽然旅游场景投诉率位于平均水平，但该场景下的消费金融品牌注重投诉受理，得到了消费者的认可，场景投诉处理各环节满意度均排名前列。

各场景在投诉受理的不同环节的满意度得分有差异，租房场景在投诉处理结果上得分最高，其他的环节得分则较低；教育/培训投诉渠道畅通性得分较高，投诉渠道数量得分较低，其他一般，故应关注投诉渠道的建设。

第八章 总结与展望

我国消费金融正处于高速发展阶段，参与主体逐渐增多，消费场景不断变化，持牌系、银行系、电商系和互金系等格局初具雏形，行业智能化、场景化趋势明显。而在消费金融行业急速猛冲之时，消费金融公司发展状况优劣不一，行业仍存在诸多问题，国家对消费金融的监管也日趋严格，无场景、无指定用途的金融需求被禁止，因此，消费金融坚持健康稳定且高质量的发展将尤为重要。此次研究从消费者视角出发，关注消费者可基于品牌口碑指数来选择消费品牌，同时各消费平台也可根据指数评价结果改进自身服务流程，提升消费者体验，增强平台竞争力。

本书对消费金融行业进行了深度调研，基于 2016 年确定的中国消费金融品牌口碑指数指标体系，对 30 家中国消费金融品牌进行总指标、各个分项指标、细化指标的排名分析，并结合 2016 年、2017 年指数研究结果，纵向比较和分析了品牌口碑的变化，探究品牌成长过程。此外，本书引入不同维度的交叉分析，从消费者及消费场景的角度出发，考虑其与各细化指标的内在关联。研究中关注不同消费群体使用消费金融的基本情况、使用品牌的不同偏好、对品牌各环节的满意度。揭示不同消费群体的消费特点，剖析影响其消费感知与忠诚的主要因素。同时，紧跟"场景化"趋势深度挖掘行业规律，从各场景的使用情况、口碑得分及场景细化指标的表现，探究不同消费场景的比较。本书清楚地呈现中国消费金融行业的现状、发展动态及行业热点，也为品牌未来发展提供了相应建议。

一、研究成果

（一）解读消费金融品牌表现，获悉品牌发展态势

本书成果显示不同系别品牌表现各有不同，系别内各品牌差距较大。

在电商系品牌中，除"唯品花"之外，"蚂蚁花呗""京东白条"和"国美金融"综合指数排名均位列前茅，发展态势良好。"蚂蚁花呗"和"国美金融"的品牌认知、品牌感知质量和品牌忠诚三个一级指标得分均在平均线以上，而"京东白条"只有品牌认知和品牌忠诚的得分在平均线以上。虽然成立时间不到一年的"唯品花"综合排名靠近30，但品牌认知得分接近平均水平，发展潜力较大。

持牌系品牌总共有六个消费金融品牌上榜，其中湖北消费金融表现最为突出，海尔消费金融、中银消费金融和苏宁消费金融居中，上海尚诚消费金融和兴业消费金融相对来说稍显落后。湖北消费金融除了品牌认知之外，品牌感知质量和品牌忠诚的得分均排名第一，需更多地重视自身品牌的推广与传播，扩大消费者对品牌的认知程度。而中银消费金融的品牌认知得分超出平均水平，品牌感知质量和品牌忠诚得分较低，均低于平均水平，建议应提升服务质量。兴业消费金融在品牌认知、感知质量、忠诚度三个一级指标得分均排在平均线以下，但其细分指标产品期限选择、授信比例、服务人员质量的满意度较高，均在平均水平以上。

银行系品牌中"中国工商银行融 e 购"和"中国建设银行善融商务"综合

指数得分排名第三位和第五位，招商银行掌上生活、中国农业银行 e 天街和广发银行网上商城得分也均位于 48 分以上，从整体看来，银行系品牌表现较好。其中，"中国工商银行融 e 购"三个一级指标得分均排名前列。

互金系品牌在消费金融口碑 TOP30 排行榜中占据半壁江山，但系别内的品牌之间综合指数得分差距较大，"平安普惠消费金融""微粒贷"和"宜人贷"排名在前十以内，"途牛""人人分期""爱钱进"和"百度有钱"等 7 个品牌表现居中，"玖富""滴水贷""趣店""拍拍贷"和"58 月付"排名较为靠后。"平安普惠消费金融"的品牌感知质量和品牌忠诚度得分较高。"人人分期"品牌感知质量得分较高，高于总体平均水平；"58 月付"品牌忠诚得分高于平均水平，消费者比较愿意重复使用此品牌，对品牌忠诚度较高。

在细分指标表现上，消费者对行业整体的服务人员质量、授信比例和个性化程度满意度较高，而对产品期限选择、贷款易得性和审批速度满意度相对较低，各品牌应围绕需求改善服务，为消费者提供更高品质的服务，促进品牌更好地发展。

（二）消费金融市场日新月异，品牌应重视全面发展，抵挡更新浪潮

与 2017 年相比，2018 年中国消费金融口碑指数排名变动较大，共新上榜了 13 个品牌。

"蚂蚁花呗"和"京东白条"两大发展势头仍然迅猛，排名与 2017 年一样保持在前两名，尤其是"蚂蚁花呗"连续三年蝉联消费金融口碑综合指数 TOP1，指数得分也与其他品牌相差较大，具有较大的领先优势。国美金融在 2017 年进步较大，2018 年排名未变，品牌发展较为稳定良好。

"平安普惠消费金融""湖北消费金融"和"海尔消费金融"2018 年进步较大，排名都有大幅度上升。"平安普惠消费金融"连续两年排名上升，"湖北消费金融"作为 2017 年新上榜的品牌，在 2018 年优化完善运营流程，转变获客方式，加快金融科技建设，因而在 2019 年排名中上升了 14 名，而海尔消费金融在

2017 年排名下降 8 名之后又在 2018 年上升 13 名，排名变动大。

在 11 个排名下降的消费金融品牌中，"拍拍贷""58 月付""兴业消费金融""苏宁消费金融"和"百度有钱"这 5 个品牌的 2018 年的排名下降较多，下降的幅度均超过 10 名，而这 5 个品牌中除兴业消费金融外，其余 4 个品牌在 2017 年表现均不错，排名或保持不变或上升。另外"中银消费金融""途牛—牛客贷/首付出发""人人分期""分期乐""上海尚诚消费金融"和"趣店"这 6 个品牌的排名下降幅度相对来说较小。

在新上榜品牌中，"中国工商银行融 e 购"和"中国建设银行善融商务"表现十分突出，口碑指数综合得分分别位居第三位和第五位；"微粒贷""宜人贷""招商银行掌上生活""中国农业银行 e 天街"和"爱钱进"排名也较为靠前，"广发银行网上商城""易分期""陆金服"等 6 个品牌相对来说排名略微靠后，其中"易分期"比较特别，该品牌立足用户需求，为用户提供更加个性化的服务，并紧跟发展关口，为消费场景赋能，因而在 2017 年跌出榜单后 2018 年又重回榜单。

消费金融市场更新快，市场日新月异，品牌建设应该关注到方方面面，既要注重企业利润，也应该重视经营者与消费者的关系，以实现长远的发展。

（三）定位消费金融用户品牌体验，挖掘品牌感知、忠诚的影响因素，助力品牌提供更优质的服务

通过对不同消费金融用户群体进行比较分析我们发现，消费金融使用人群广泛，主要集中在广东、北京、上海和江苏等经济发达地区，且多居住在城市，年龄在 35 岁以下的青壮年。相比 2017 年，用户消费金融的使用频率和时长都明显增多，同时，人们知晓和使用过的消费金融品牌也增多，意味着消费金融更普遍地被人们接受并使用，更加贴近生活。

不同人群使用品牌的偏好有一定的差异。虽然"蚂蚁花呗"等消费金融品牌巨头在各个人群都占有绝对优势，但也有部分品牌在特定人群中占有一定的份额。例如，"微粒贷"和"百度有钱"在男性市场较受欢迎，而女性更多地使用"唯品花""中银消费金融""爱钱进"等品牌；"苏宁消费金融""百度有钱""中银消费金融"在城市地区的使用率较高，而"360分期""拍拍贷"在农村地区的使用情况更乐观。不同品牌系别之间也存在明显的用户群体差异，电商系的用户年龄集中在18～24岁的年轻学生一族，而银行系、互金系和持牌系的用户群体的年龄重合度较大。

在消费者的品牌体验上，我们比较不同细分群体在各项具体指标上的满意程度。其中，企业中高层管理者等薪酬较高的职业人群所使用的消费金融额度较高，满意度也相应较高。存在一定比例的用户对消费金融产品的年化利率不甚清楚，尤其生活在农村地区以及年龄在24岁以下的人群中不清楚利率的用户比例较高。男性比女性更爱投诉，同时对投诉处理的满意度也最低。在系统安全方面，各种各样的安全问题的出现也造成了用户的低满意度。另外，我们将用户对品牌整体的感知质量满意度关于各项指标做回归分析，发现在提高系统安全性、服务人员的态度和投诉处理这三方面能有效提高消费金融使用者对品牌感知质量的满意度，各品牌应加强对这些变量指标的关注，以最大程度地改善消费者的品牌体验。

在消费者品牌忠诚上，我们关注到不同消费金融使用经验的群体的具体表现。综合考量品牌满意度、重复购买意愿、产品利率期限敏感度这三个体现用户对品牌的忠诚度的指标，发现城市人口比县域、农村人口的忠诚度更高，职业薪酬水平越高的群体忠诚度越高，意味着经济能力越好的人群用户黏性越大，而经济能力较差的人群则更容易流失。

（四）结合不同场景特征寻找发展切入点，实现消费金融品牌建设突破

本书涉及了11个主要消费场景，首先在数码3C场景下使用消费金融品牌的人数最多，占比35.72%；其次是日常用品、家电、装修/家居场景；最后，婚庆和农业场景则较为冷门。

　　不同性别、年龄段的消费者基本上都使用过这些场景，反映了如今消费金融广泛普及的特点。但不同特征群体场景间是有差异的：数码3C、日常用品、家电和装修/家居是男性和女性使用消费金融均较多的四个场景。女性在日常用品旅游、医疗/医美和汽车场景下使用消费金融服务的比例要高于男性，而相比于女性，男性在数码3C、家电和租房场景下会更多地使用消费金融服务。数码3C和日常用品是三个年龄段使用最多的两个消费金融场景，婚庆和农业则均涉及较少。随着年龄的增加，数码3C、日常用品、教育/培训、租房和医疗/医美消费场景的人数占比逐渐减少，而汽车、家电和旅游消费场景的人数占比逐渐增加。各品牌在场景布局时应结合年龄和性别因素，针对不同群体，个性化地设计、营销产品。

　　在将消费场景与不同系别品牌进行对应分析时，我们发现由于电商平台的支持，电商系消费金融品牌通常提供日常用品的消费场景供消费者使用，互金系和持牌系消费金融品牌用户主要在旅游、租房、医疗/医美、教育培训等场景下使用消费金融服务，由于互金系品牌和持牌系品牌背后无电商平台的支持，只能通过挖掘购物场景以外的消费金融场景来为消费者提供消费信贷。银行系品牌由于购物场景和其他场景都略有涉及，所以并未与某个场景联系比较紧密。

　　在对比各场景的具体环节时，购物类场景如家电、数码3C、装修/家居、日常用品等在贷款易得性、审批服务、利率水平、投诉处理方面的满意度较高，并且这些场景下消费者对品牌更加忠诚，向他人推荐、重复购买的意愿高，向竞争品牌转移的倾向低。医疗/医美、教育/培训等场景起步晚，发展相对典型购物类场景来说较不完善，出现了平台安全性差等问题，应引起品牌的重视。另外旅游场景作为非购物场景，在审批服务、利率水平方面令消费者较为满意，发展较好。品牌在进行场景战略布局时，对于数码3C、家电/装修这样成熟、热门的场景，在保证优质服务之外，需要找到区别于其他竞争品牌的优势，加大创新力度；对于医疗/医美、教育/培训等新兴场景，品牌应专注于消费金融产品的完善、服务流程的优化、平台安全维护等基础建设。

二、决策建议

（一）监管：严格管制现金贷等各种违法行为，担当征信数据共享平台搭建过程中的标尺

各机构在开展消费信贷业务时，为了争夺客户、扩大市场份额而降低贷款门槛，放松贷款审查，导致客户过度消费、恶意欺诈，企业过度授信、多头共债等问题凸显，大量过度负债人群出现，导致行业整体不良贷款率增加，严重影响金融行业稳定。监管部门应从以下四个方面采取措施：一是应加强监控，时刻关注企业的动态，对违反规定、肆意授信的企业严惩不贷；二是监管部门应尽快建立完备的个人征信系统，及时将个人相关信息纳入征信系统中，实现信息共享，为消费信贷发放提供有价值的信息参考，提高风控效率，减轻多头借贷带来的坏账风险，维护市场的和谐；三是对于"现金贷"，要继续严加监管，在 2018 年重拳规范整治了现金贷业务后，依然存在一部分利用监管漏洞变相进行现金贷业务的现象，需进一步整治，鼓励合规企业进行消费场景的发展和创新；四是应对暴力催收、高利贷、信息安全等市场乱象进行管制，规范消费金融企业对消费者信息和隐私的保护，保障消费者权益。

（二）企业：合理授信，避免高杠杆带来的金融风险，同时积极创新消费金融服务方式和金融产品

1. 在运营方面

企业要根据用户收入水平及负债情况合理授信，避免高杠杆带来的金融风险。小额消费信贷无抵押，且审核流程快速简单，加之各机构之间信息不透明，极易发生重复放贷问题，因而存在较高的风险。贷款审查既要重视借款人的收入情况，又不能忽视其他高额负债，如住房按揭等，对于收入来源较低或不稳定的客户，要审慎发放消费贷款，防止出现"以贷还贷"或借助消费贷加杠杆而带来的风险。同时，要严格贷后管理，防止消费贷款资金流入股市、楼市。同时，要根据消费现状，积极创新消费金融服务方式和金融产品，满足居民高品质、个性化、多场景的金融需求，不断丰富金融产品，同时把金融科技同场景业务发展紧密结合，创造有场景的消费需求，使金融服务更加贴近客户。

2. 在品牌建设方面

不同企业应找到自身区别于其他品牌的优势所在，寻找最合适的发展建设之路。关注品牌的知名度，增加宣传和推广的力度，改善知名度低的现状，为品牌获取更多优质的顾客。尤其当下人们普遍对 P2P 等互联网金融失去信心，消费金融更应该树立起正面的品牌形象，打造良好的口碑，让用户放心，共同促进消费金融行业的良性发展。同时，优化消费者使用体验，找到品牌建设中的薄弱环节，逐个解决，弥补短板，以提高用户对品牌的感知质量满意度，从而进一步加强品牌忠诚度。

（三）消费者：规范消费金融使用流程，辨析各平台的优劣，做出正确的选择

消费者对消费金融平台的评价反映品牌价值的真正来源，会直接影响消费金融品牌的定位。而不同的细分人群的品牌体验有所差异。使用品牌的人群中衍生出的五类客群也有着各自的特点，如投诉热衷人群逾期率高、信息泄露比例高、产品满意度低。在各品牌根据用户逾期和忠诚度等情况为其提供更优质服务的同时，消费者自身要在诚信的基础上规范使用消费金融产品，提前准备好钱款，按期还款，做到尽量不逾期、不多头借贷。在使用消费金融产品前，多了解贷款利率、逾期处罚等金融知识，结合自己的使用需求，选择合适的消费金融产品。最重要的是，在消费金融提供财务方便的同时，也要考量自己的经济能力，在收入所能承担的范围内适度消费，做到不过度消费。

三、消费金融行业未来展望

（一）合规发展是前提，场景创新促增长

2017 年末出台了《关于规范"现金贷业务整改"的通知》和《关于立即暂停批设网络小额贷款公司的通知》等政策，伴随监管部门严格的整治活动，消费金融行业经历了一场强监管的阵痛，行业分化趋势渐现。相关企业纷纷向合规转型，或调整业务，或去金融化，结束了野蛮发展，走向健康有序。未来，在更加严格的金融监管下，暴力催收、高利贷、信息乱用等市场乱象将被列入黑名单中，消费者权益得到保障，合规金融机构将依托产业实体，实现金融服务"脱虚向实"。场景是消费金融长远前景的本源，大力开展消费金融服务创新，丰富品牌消费金融场景是趋势，消费金融行业将会呈现另一番欣欣向荣的景象。

（二）数据驱动作用再加强，风险控制是核心竞争力

消费金融市场主体不断扩充，借款人的信用风险将是各类消费金融机构面临的主要风险。发展消费金融的本质是回归普惠，普惠意味着引入了学生群体、蓝领群体等用户，较资产信用良好的其他用户，更加考验企业的风控能力。数据智能已经成为科技与商业最好的连接桥梁，同时也成为新时代最重要的革新力量。由此，发展数据共享至关重要，消费金融在个人市场份额相对大，而个人征信体系却不完善，征信合作也还有待加强。未来，找到数据产权和数据共享间的平衡点，打通各平台连接渠道，充分利用海量的信用信息、行为信息、社交信息等数据，提炼用户特征，与数字技术紧密结合，建立信用风险评估模型，探索出一条风险控制的新途径，共同解决多头借贷带来的坏账风险，维护金融市场的稳定。

（三）金融科技持续发力，为消费金融增添新动力

随着互联网金融的发展，金融科技成为差异化竞争的关键，消费金融以科技驱动的特征越发明显，金融科技带动风控升级、效率提高、降低信息不对称的作用显著。人工智能、云计算等新科技的应用越来越普遍，依靠金融科技主动收集、分析、整理各类金融数据，进行深度信息交叉比对评估判断客户的真实身份、真实意愿、真实借贷能力，为细分人群提供更为精准的营销服务。消费金融机构自身也应在风控、管理等各环节对科技加以应用，运用先进的智能风控技术，建设精细的智能客服系统，对风险和服务质量进行智能监控。抓住金融科技革新的新机遇，为消费者提供便捷、优化的消费信贷服务。

（四）注重经营消费者口碑，为消费金融提供建设新视角

消费金融高速发展，在激烈的竞争环境中，寻求发展的突破点是各消费金融品牌当下的攻坚任务。许多消费金融品牌有较高的知名度，在市场上也有广泛的知名度，并且公司积极进行自主研发、大力发展科技创新，极具竞争力，但从另一个角度来看，品牌的服务人员质量、平台安全建设、投诉受理等情况却不尽如人意，消费者满意度较低。企业的价值不仅来源于庞大的无形资产、丰厚的销售收入和高市场占有率，还来源于消费者的主观态度更能准确地体现品牌在消费者群体中的地位和口碑。品牌应当重视培养和维护与消费者间的长期友好关系，为其提供更优质的消费服务、更完整的消费体验，以消费者口碑作为驱动力消费，为品牌的发展注入新动力，实现消费金融以"消费者"为中心的真实价值。

参考文献

［1］第二届中国消费金融研讨会综述［J］. 经济研究，2011（s1）：156－160.

［2］巩师恩，范从来. 收入不平等、信贷供给与消费波动［J］. 经济研究，2012，47（s1）：4－14.

［3］郭庆，刘彤彤. P2P网贷对中国城乡居民消费的多重影响效应——基于省际动态面板模型的分析［J］. 经济体制改革，2018（2）.

［4］剧锦文，柳肖雪. 中国消费者消费信贷选择的实证研究［J］. 经济与管理研究，2017，38（9）：54－63.

［5］廖理，张学勇. 首届中国消费金融研讨会综述［J］. 经济研究，2010（s1）：153－160.

［6］刘荣茂，李亚茹. 基于PVAR的消费信贷对经济增长动态影响实证分析［J］. 商业经济研究，2018（7）：181－184.

［7］刘若秋，方华. 互联网金融模式下消费信贷对我国经济增长的作用实证研究［J］. 中国物价，2019（3）：29－30，63.

［8］刘丹. 消费金融发展模式的国际比较及借鉴［J］. 中央财经大学学报，2011（1）：27－32.

［9］刘玉. 我国互联网消费金融的现状和趋势研究［J］. 中国集体经济，

2015（20）：95 - 97.

［10］龙海明，钱浣秋．消费信贷对城镇居民消费水平的平滑效应——基于PSTR 模型的实证分析 ［J］．南方金融，2018（5）：38 - 46.

［11］李燕桥，臧旭恒．消费信贷影响我国城镇居民消费行为的作用渠道及检验——基于2004 ~ 2009 年省际面板数据的经验分析 ［J］．经济学动态，2013（1）：20 - 31.

［12］李季，吴慧．消费信贷用户逾期行为的影响因素研究——基于消费者还款能力及意愿的视角 ［Z］．工作论文，2019.

［13］李季，吴慧．消费分期使用倾向的影响因素研究：基于感知成本及价值的视角 ［Z］．工作论文，2019.

［14］苗淑娟，李萍萍，徐颖．参考群体对互联网消费信贷决策影响的实证研究 ［J］．商业经济研究，2018（17）.

［15］平新乔，杨慕云．消费信贷违约影响因素的实证研究 ［J］．财贸经济，2009（7）：32 - 38.

［16］邵腾伟，吕秀梅．新常态下我国互联网消费金融的表现、作用与前景 ［J］．西部论坛，2017（1）：95 - 106.

［17］宋军，凌若冰，吴冲锋．期权加油卡的产品设计、定价和套期保值研究 ［J］．经济研究，2011（s1）：134 - 144.

［18］宋明月．国内消费金融最新研究综述 ［J］．当代经济管理，2015，37（4）：6 - 12.

［19］王江，廖理，张金宝．消费金融研究综述 ［J］．经济研究，2010（s1）：5 - 29.

［20］王丽丽．消费者循环信用和小额分期付款使用行为研究 ［D］．上海交通大学博士学位论文，2010.

［21］肖经建．消费者金融行为、消费者金融教育和消费者福利 ［J］．经济研究，2011（s1）：4 - 16.

［22］许华岑．消费信贷行为的人口学分析［D］．西南财经大学博士学位论文，2017．

［23］张学勇．第三届中国消费金融研讨会综述［J］．经济研究，2014（s1）：189－192．

［24］赵心刚．消费金融研究综述［J］．时代金融，2013（5）：154－155．

［25］赵煊．认知偏误对金融消费者保护的影响——以零售金融产品为例［J］．经济研究，2011（s1）：127－133．

［26］中国电子商务研究中心．金融研究：消费金融大数据风控的"独家秘笈"［EB/OL］．http：www.//b2b.toocle.com/detail－6346244.html，2016－07－20/2018－02－04．

［27］Ausubel Lawrence M. The Failure of competition in the Credit Card Market［J］．American Economic Review 1991，81（1）：50．

［28］Alan，S. and G. Loranth. Subprime Consumer Credit Demand：Evidence from a Lender's Pricing Experiment［J］．Review of Financial Studies，2013，26（9）：2353－2374．

［29］Amar，M. and D. Ariely，et al. Winning the Battle but Losing the War：The Psychology of Debt Management［J］．Journal of Marketing Research（JMR）2011（48）：S38－S50．

［30］Baumeister，Roy F. Yielding to Temptation：Self－control Failure，Impulsive Purchasing and Consumer Behavior［J］．Journal of consumer researcher，2002，28（4）：670－676．

［31］B. Douglas Bernheim，Daniel M. Garrett，Dean M. Maki. Education and saving：［J］．Journal of Public Economics，2001，80（3）．

［32］Benartzi. Shlomo and Richard H. Thaler，Naive Diversification Strategies in Retirement Saving Plans［J］．American Economic Review，2001（91）：79－98．

［33］Bertola，G.，Disney，R. and Grant，C.，The Economics of Consumer

Credit ［M］. MIT Press, 2006.

［34］ Bolton, L. E. and P. N. Bloom, et al. Using Loan Plus Lender Literacy Information to Combat One – Sided Marketing of Debt Consolidation Loans ［J］. Journal of Marketing Research (JMR), 2011 (48): 51 – 59.

［35］ Brito, D. L. and Hartley, P. R., Consumer Rationality and Credit Card ［J］. Journal of Political Economy, 1995 (103): 400 – 433.

［36］ Brown, M. and J. Grigsby, et al. Financial Education and the Debt Behavior of the Young ［J］. Review of Financial Studies, 2016, 29 (9): 2490 – 2522.

［37］ Canner, G. B., Gabriel, S. A., and Woolley, J. M. Race, Default Risk and Mortgage Lending: a Study of the FHA and Conventional Loan Markets ［J］. Southern Economic Journal, 1991, 58 (1): 249 – 262.

［38］ Celia Ray Hayhoe, Lauren Leach, Pamela R. Turner. Discriminating the Number of Credit Cards Held by College Students Using Credit and Money Attitudes ［J］. Journal of Economic Psychology, 1999, 20 (6).

［39］ Charkravorti, S. and Emmons, W., Who Pays for Credit Card? ［J］. Journal of Consumer Affairs, 2003 (37): 208 – 230.

［40］ Cheema, A. and D. Soman. Malleable Mental Accounting: The Effect of Flexibility on the Justification of Attractive Spending and Consumption Decisions ［J］. Journal of Consumer Psychology, 2006, 16 (1): 33 – 44.

［41］ Chien, Yi Wen, and S. A. Devaney. The Effects of Credit Attitude and Socioeconomic Factors on Credit Card and Installment Debt ［J］. Journal of Consumer Affairs, 2001, 35 (1): 162 – 179.

［42］ Coval, Joshua D. and Tobias J. Moskowitz. Home Bias at Home: Local Equity Preference in Domestic Portfolios ［J］. Journal of Finance, 1999 (54): 2045 – 2074.

［43］ Cross, D. B. and Souleles, N. S. Do Liquidity Constraints and Interest Rates Matter for Consumer Behavior? Evidence from Credit Card Date ［J］. Quarterly

Journal of Economics, 2002 (117): 149 – 185.

[44] Disatnik, D. and Y. Steinhart. Need for Cognitive Closure, Risk Aversion, Uncertainty Changes, and Their Effects on Investment Decisions [J]. Journal of Marketing Research, 2015, 52 (3): 349 – 359.

[45] Elliehausen, G. Implications of Behavioral Research for the Use and Regulation of Consumer Credit Products [M]. Staff working Papers in the Finance and Economics Discussion Series (FEDS), 2010.

[46] Emma Davies, Stephen E. G. Lea. Student Attitudes to Student Debt [J]. Journal of Economic Psychology, 2004, 16 (4).

[47] Fay, S., Hurst, E. and White, M. J. The Household Bankruptcy Decision [J]. American Economic Review, 2002 (92): 706 – 718.

[48] Georgarakos, D. and M. Haliassos, et al. Household Debt and Social Interactions [J]. Review of Financial Studies, 2014, 27 (5): 1404 – 1433.

[49] Hirshleifer J., On the Optimum Investment Decision [J]. Journal of Political Eeonomy1, 1958, 66 (4): 329 – 352.

[50] Hirst, D. Eric, E. J. Joyce, and M. S. Schadewald. Mental Accounting and Outcome Contiguity in Consumer – Borrowing Decisions [J]. Organizational Behavior and Human Decision Processes, 1994, 58 (1): 136 – 152.

[51] Jackson, J. R., Kaserman, D. L. Default Risk on Home Mortgage Loans: a Test of Competing Hypotheses [J]. Journal of Risk and Insurance, 1980, 47 (4): 678 – 690.

[52] Juster F. T., Shay R. P., Consumer Sensibility to Finance Rates: An Empirical and Analytical Investigation [M]. New York: Columbia University Press, 1964: 82 – 96.

[53] Kent T. Yamauchi, Donald J. Templer. The Development of a Money Attitude Scale [J]. Journal of Personality Assessment, 1982, 46 (5).

［54］ Lai, C. and J. J. Xiao. Consumer Biases and Competences in Company Stock Holding ［J］. Journal of Consumer Affair, 2010, 44 (1): 179 – 212.

［55］ Lea, E. G. S, Webley, P. and Walker, M. C. Psychological Factors in Consumer Debt: Money Management, Economic Socialization, and Credit Use ［J］. Journal of Economic Psychology, 1995, 16 (4): 681 – 701.

［56］ Livingstone S. M. , Lunt P. K. Predicting Personal Debt and Debt Repayment: Psychological, Social and Economic Determinants. ［J］. Journal of Economic Psychology, 1992, 13 (1): 111 – 134.

［57］ Ludvigson S. Consumption and Credit: A Model of Time – Varying Liquidity Constraints ［J］. The Review of Economics and Statistics, 1999, 81 (3): 434 – 447.

［58］ Lusardi, Annamaria and Peter Tufano. Debt Literacy, Financial Experiences, and Over Indebtedness ［R］. NBER Working Paper, 2009: 14808.

［59］ Mandel, N. Shifting Selves and Decision Making: The Effects of Self – Construal Priming on Consumer Risk – Taking ［J］. Journal of Consumer Research, 2003, 30 (1): 30 – 40.

［60］ Medina, J. F. and C. T. Chau . Credit Card Usage Behavior between Angles and Hispanics ［J］. Hispanic Journal of Behavioral Sciences, 1998, 20 (4): 429 – 447.

［61］ Morton T. G. A Discriminant Function Analysis of Residential Mortgage Delinquency and Foreclosure ［J］. Real Estate Economics, 1975, 3 (1): 73 – 88.

［62］ Moritz L . The Goal Gradient Effect and Repayments in Consumer Credit ［J］. Economics Letters, 2018, (171): 208 – 210.

［63］ Navarro – Martinez, D. and L. C. Salisbury, et al. Minimum Required Payment and Supplemental Information Disclosure Effects on Consumer Debt Repayment Decisions ［J］. Journal of Marketing Research (JMR), 2011 (48): 60 – 77.

［64］ Neave, E. H. , Multi – period Consumption – Investment Decision and Risk Preference ［J］. Journal of Economic Theory, 1971 (3): 40 – 53.

［65］Norvilitis，M. J.，Merwin，M. M.，Roehling，V. P.，Young，P. and Kamas，M. M. Personality Factors，Money Attitudes，Financial Knowledge，and Credit－card Debt in College Students ［J］. Journal of Applied Social Psychology，2006，36（6）：1395－1413.

［66］Petersen，J. A. and T. Kushwaha，et al. Marketing Communication Strategies and Consumer Financial Decision Making：The Role of National Culture ［J］. Journal of Marketing，2015，79（1）：44－63.

［67］Polkovnichenko，V.，Household Portfolio Diversification：A Case for Rank－DependentPreferences ［J］. Review of Financial Studies，2005（18）：1467－1502.

［68］Ponce，A. and E. Seira，et al. Borrowing on the Wrong Credit Card? Evidence from Mexico ［J］. American Economic Review，2017，107（4）：1335－1361.

［69］Ranyard，R. and L. Hinkley，et al. The Role of Mental Accounting in Consumer Credit Decision Processes ［J］. Journal of Economic Psychology，2006，27（4）：571－588.

［70］Soman，D. and Cheema，A. The Effect of Credit on Spending Decisions：The Role of the Credit Limit and Credibility ［J］. Marketing Science，2002（21）：32－53.

［71］Shui，Haiyan and Lawrence M. Ausubel，Time Inconsistency in the Credit Card Market ［J］. January，2005（176）.

［72］Sidime，A. Credit use strangles wealth：African American Debt is Increasing Faster Than Income ［J］. Black Enterprise，2004，35（4）：38.

［73］Soman，D. and A. Cheema. The Effect of Credit on Spending Decisions：The Role of the Credit Limit and Credibility ［J］. Marketing Science，2002，21（1）：32－53.

［74］Stango，Victor and Jonathan Zinman，Pecuniary Costs of Bounded Rationality：Evidence from Credit Card Debt Allocation ［M］. Unpublished manuscript，2015.

［75］Stewart, Neil. The Cost of Anchoring on Credit – Card Minimum Repayments ［J］. Psychological Science, 2009, 20 (1): 39 – 41.

［76］Strayhorn, Joheph M., Jr. Journal of American Academy of Child and Adolescent Psychiatry ［J］. Self – control: Theory and Research 2002, 41 (1): 7 – 16.

［77］Tokunaga, H. The Use and Abuse of Consumer Credit: Application of Psychological Theory and Research ［J］. Journal of Economic Psychology, 1993 (14): 285 – 316.

［78］Urminsky, O. and R. Kivetz. Scope Insensitivity and the "Mere Token" Effect ［J］. Journal of Marketing Research, 2011, 48 (2): 282 – 295.

［79］Wilcox, K. and L. G. Block, et al. Leave Home Without It? The Effects of Credit Card Debt and Available Credit on Spending ［J］. Journal of Marketing Research (JMR), 2011 (48): S78 – S90.

［80］Xiao, J. J., Noring, F. E., Anderson, J. G.. College Students' Attitudes Towards Credit Cards ［J］. Journal of Consumer Studies and Home Economics, 1995 (19): 155 – 174.

［81］Yang B., James S., Lester D. Reliability and Validity of a Short Credit Card Attitude Scale in British and American subjects ［J］. International Journal of Consumer Studies, 2005, 29 (1): 41 – 46.

［82］Zinman, J. Debit or Credit? ［J］. Journal of Banking and Finance, 2009 (33): 358 – 366.

［83］Zhu, R. J. and U. M. Dholakia, et al. Does Online Community Participation Foster Risky Financial Behavior? ［J］. Journal of Marketing Research (JMR), 2012, 49 (3): 394 – 407.

［84］Zhu, Lillian Y. and C. B. Meeks. Effects of Low Income Families' Ability and Willingness to Use Consumer Credit on Subsequent Outstanding Credit Balances ［J］. Journal of Consumer Affairs, 1994, 28 (2): 403 – 422.